STEFANIE CARLA
SCHÄFER

Now!

Im Einklang mit dem Gesetz der Anziehung

Aus
der Fülle
leben

Scorpio

Inhalt

Was willst du wirklich?

DAS GESETZ DER ANZIEHUNG IN DER PRAXIS

Das Gesetz der Anziehung in der Praxis

Das Leben ist ein SPIEL

Angenommen, das Leben ist ein Spiel, das Spaß machen soll. Sobald wir seine Regeln begriffen haben, können wir beginnen, es freudig und bewusst zu spielen.

Jeder von uns verfügt bereits über alles, was er für das Spiel des Lebens benötigt: einen schöpferischen Geist, einen wunderbaren Körper und eine weise Seele. Allerdings scheint es so, als hätten wir nicht wirklich eine Spielanleitung mitbekommen. Während wir aufwachsen, bringt man uns zwar alles mögliche Wissen für den Verstand bei, normalerweise erklärt uns aber niemand, nach welchen Gesetzmäßigkeiten das Leben selbst funktioniert.
Deshalb möchte ich dir in diesem Buch eine Art Gebrauchsanleitung für die universellen Gesetze des Lebens vorstellen. Viele spirituelle Lehrer verschiedener Traditionen haben sie bereits beschrieben; meiner Erfahrung nach gelten sie unabhängig von Religion oder Glaube.
Wenn wir im Einklang mit den Gesetzen des Universums leben und seine zuverlässige Unterstützung erkennen, sind Glück und Erfüllung eine ganz natürliche Konsequenz!
Gleich zu Anfang möchte ich dir zwei besonders wichtige Aspekte ans Herz legen, deren Beachtung dein Spiel mit Klarheit erfüllen wird.

1. Eine höhere Perspektive einnehmen

Fragst du dich auch manchmal, warum du gerade auf dieser Erde, in diesem Leben bist? Spürst du auch manchmal so eine Ahnung in dir, dass die Nine-to-five-Routine im Büro, der aktuelle Börsenkurs oder die Meinung deiner Nachbarn eigentlich nicht wirklich von Bedeutung sind?
Prima, dann hast du die Stimme deiner Seele schon vernommen! Sie weiß, dass du ein wunderbares und einzigartiges Wesen bist, ausgestattet mit einer genialen Schöpferkraft, die dir vermutlich noch gar nicht in ihrem vollen Ausmaß bewusst ist!
Um diese anzuzapfen, rate ich dir, inmitten des Alltags immer häufiger diese höhere Perspektive einzunehmen und jenen intuitiven Teil von dir kennenzulernen, der dich stets zu Wachstum und Erfüllung geleiten möchte. Je öfter es dir gelingt, ganz bewusst auf die Stimme deiner Seele zu hören, desto leichter wird es dir auch gelingen, in diesem Leben das wunderbare Spiel zu erkennen, das es in Wahrheit ist.

2. Die Spielregeln des Universums kennen

Ein Spiel macht dann richtig Spaß, wenn wir seine Idee, seine Essenz begriffen haben und seine Regeln leicht und spielerisch nutzen. Stell dir einen professionellen Tennisspieler vor, der elegant zum Aufschlag ausholt. Er beherrscht die Technik perfekt, und das ermöglicht ihm die Freude und Leichtigkeit im Spiel! Gleiches gilt auch für das große Spiel des Lebens.
Der erste Stolperstein hierbei ist, dass wir sämtliche Regeln beim Eintritt in dieses Leben zu-

nächst einmal vergessen, obwohl unsere Seele sie eigentlich kennt.
Wir spielen eine Zeit lang relativ unbewusst, machen gute und schlechte Erfahrungen, und oft sind es Letztere, die uns auf eine innere und äußere Suche schicken. Idealerweise beginnen wir dann, auf unsere Intuition zu hören und unser Leben danach zu gestalten. Denn unsere Seele, die gewissermaßen von oben zuschaut, möchte uns freundlich an die Spielregeln erinnern. Sie hat die Fähigkeit, uns in unsere optimale Lebensspur zu führen, damit wir unser Leben positiv gestalten und mit Sinn erfüllen.
Die vielleicht wichtigste Regel im Spiel des Lebens ist das Gesetz der Anziehung: Das, was du in deinem Inneren trägst, begegnet dir auch im Außen – ähnliche Schwingungen gehen in Resonanz miteinander. Bewusst angewandt, birgt dieses Gesetz ein Riesenpotenzial für eine erfolgreiche Lebensgestaltung.
Aber ist es wirklich so einfach? Was gilt es zu beachten und zu lernen hinsichtlich des Resonanzgesetzes, und wie erschafft man sich im Einklang mit den Spielregeln des Universums ein wunderbares Leben?

Drei Schritte in ein wunderbares Leben

In diesem Buch begleite ich dich Schritt für Schritt auf diesem Weg und beschreibe zunächst in Teil 1 die universellen Gesetzmäßigkeiten als Grundlage – so wie ich sie verstehe. Dabei möchte ich keineswegs dogmatisch erscheinen: Du bist stets eingeladen, nachzuspüren und zu prüfen, was sich für dich persönlich stimmig und richtig anfühlt!
Auf dieser Basis lade ich dich in Teil 2 des Buches dazu ein, in dich zu gehen und herauszufinden, was du wirklich willst. Du wirst angeregt, dich deiner wahren Lebensaufgabe anzunähern, denn das Gesetz der Anziehung wirkt umso intensiver, je mehr du dich im Einklang mit deiner Seele befindest und ihrer Stimme folgst.
Teil 3 widmet sich dann der bewussten Anwendung des Gesetzes der Anziehung in verschiedenen Lebensbereichen sowie der Frage: Wie bekomme ich, was ich will? Wie bereichere ich dabei das große Ganze?
Mein Verständnis der universellen Gesetze, insbesondere des Gesetzes der Anziehung, basiert nicht auf einer speziellen philosophischen oder religiösen Richtung. Ich finde, alle Lehren beinhalten im Kern wunderbare Wahrheiten und können wie ein bunter Blumenstrauß zusammenwirken. Jeder darf sich seine Blumen selbst aussuchen und spüren, was sich für ihn wahr und hilfreich anfühlt!
Ich freue mich sehr, dich mit diesem Buch auf deinem Weg begleiten zu dürfen. Mögest du dir und anderen bewusst ein wunderbares Leben gestalten und dabei die volle Unterstützung des Universums genießen!

Stefanie Carla Schäfer

DIE SPIELREGELN DES UNIVERSUMS

Alles EINE FRAGE *der Schwingung*

Die Physik hat herausgefunden, dass im Zentrum jedes Atoms – in belebter ebenso wie in unbelebter Materie – Energie in einer bestimmten Frequenz schwingt. Diese Schwingungen treten in Resonanz miteinander.

Menschen, Tiere, Pflanzen – alles ist von einer universellen Energie durchdrungen und miteinander verbunden. Und genauso, wie es ein großes Spektrum an Farben und Tönen gibt, existieren die unterschiedlichsten Energiequalitäten. Wir alle kennen es beispielsweise, wenn wir uns von Leichtigkeit erfüllt oder aber schwer fühlen. Bei Emotionen wie Freude und Liebe befinden wir uns energetisch in einer hohen Schwingungsfrequenz, die wir als angenehm empfinden. Sind wir dagegen traurig oder schwermütig, schwingt unsere Energie langsamer, wir fühlen uns tatsächlich schwerer. Auf emotionaler, mentaler, physischer und spiritueller Ebene gibt es die unterschiedlichsten Schwingungsqualitäten.

Ähnliche Energien ziehen sich an, weil sie miteinander in Resonanz gehen. Menschen mit gleichen Interessen und ähnlichen Energien fühlen sich wohl miteinander, weil sie ein Gefühl von Übereinstimmung haben. Und schon sind wir beim Gesetz der Anziehung.

Der Volksmund bringt dieses Phänomen anschaulich auf den Punkt, wenn er sagt: »Man ist auf der gleichen Wellenlänge.« Oder: »Gleich und gleich gesellt sich gern.«

Die Welt der Polaritäten

Nun leben wir aber auch in einer Welt der Polaritäten. Es gibt schwarz und weiß, Tag und Nacht, reich und arm, gut und böse. Dualität ist praktisch eine Rahmenbedingung im Spiel des Lebens, die all unsere Erfahrungen und unser Wachstum ermöglicht und lebendig gestaltet. Gleiches gilt auch für menschliche Eigenschaften, Gefühle und Werte. Wir können davon ausgehen, dass in jedem Menschen – trotz unterschiedlicher genetischer Prägung – alle menschlichen Qualitäten im Grundsatz angelegt sind, auch wenn jeder sie unterschiedlich zum Ausdruck bringt und nicht alle auslebt. Aufgrund unseres Empfindens und unserer persönlichen Erfahrungen damit haben wir uns angewöhnt, diese Qualitäten als gut oder schlecht zu beurteilen.

Jeder Mensch hat eine Sonnen- und Schattenseite seiner Persönlichkeit. Gern präsentieren wir unsere Schokoladenseite, all das, was uns liebenswert, erfolgreich und anziehend macht. Weniger zugewandt sind wir in der Regel unseren Schattenaspekten: verdrängten Gefühlen, ungeliebten Eigenschaften, inneren Dämonen.

Gegensätze ziehen sich an

Im Gegensatz zur ähnlichen Wellenlänge scheinen gegensätzliche Energien auf den ersten Blick nicht miteinander zu harmonieren. Denken wir an zwei Magnete: Je nachdem, wie man die gegensätzlichen Pole zueinander ausrichtet,

ziehen sich die Magnete an oder stoßen sich ab. Treffen wir auf einen Menschen, der ganz anders ist als wir selbst, liegt es oft erst mal nahe, sich nicht weiter mit ihm zu beschäftigen. Andererseits heißt es, Gegensätze zögen sich an. Was hat es nun damit auf sich?
Eine Person, deren Eigenschaften uns völlig fremd erscheinen oder die uns sogar unangenehm berührt, spiegelt uns in Wahrheit oft genau das, was zu unserem persönlichen Schatten gehört. Deshalb hat das Resonanzgesetz sie in unser Erleben gezogen.
Da das Leben uns zu Wachstum und Bewusstwerdung führen möchte, gibt es einen guten Grund dafür, dass diese Person in unserem Leben auftaucht, denn wir können durch sie etwas lernen, können reifer werden. Je stärker unsere unbewusste Resonanz, desto größer ist die Chance des persönlichen Wachstums.

Wachstum und Entwicklung

Womit wir gleich beim Thema wären, nämlich bei der elementaren Frage, worum es denn eigentlich in diesem Leben geht. Ich bin sicher, dass dir deine individuelle Antwort auf diese Frage unglaublich weiterhelfen wird, deshalb nimm dir am besten gleich jetzt Zeit dafür!
Meiner Beobachtung nach verbringen fast alle Menschen erst einmal viel Lebenszeit damit, das zu erreichen, was ihnen von außen nahegelegt wurde. »Aus dir soll mal was Anständiges werden.« – »Mit 30 solltest du spätestens verheiratet sein und ein Haus bauen.« – »Wenn du erst mal viel Geld und Erfolg hast, wirst du richtig glücklich sein.« Diese und weitere gesellschaftliche Vorstellungen prägen die meisten Menschen bis zu dem Zeitpunkt, an dem sie sich fragen, was sie sich denn eigentlich *selbst* vom Leben wünschen! Dieser glückliche Wendepunkt kommt paradoxerweise oft – nicht immer – in Form eines Burn-outs, einer Krankheit oder persönlichen Krise, die uns einfach wieder mit unserer Seele in Kontakt bringen möchte und die Frage stellt: »Worum geht es denn hier eigentlich *wirklich* in diesem Leben? Was liegt eigentlich hinter all diesen äußeren Werten? Das kann doch nicht alles gewesen sein!«
Der indische Mystiker Osho bezeichnete diesen Prozess des Aufwachens und Rückerinnerns an die Seele als »zweite Geburt«. Die erste Geburt ist die des Körpers. Wir wachsen auf in einem bestimmten Familiensystem, lernen bestimmte Rollen und Werte, und idealerweise fangen wir irgendwann an, all dies zu hinterfragen.

Wie eine Raupe, die sich aus ihrem Kokon schält, um zum Schmetterling zu werden, möchte sich unsere wahre Kraft – die unserer Seele – entfalten.

Dafür ist es nötig, sich erst einmal alte Prägungen bewusst zu machen und dann schließlich darüber hinauszuwachsen und emotional zu heilen. Das ist die zweite Geburt.

Anmerkungen zum Universum

Was ist denn eigentlich das Universum? Der lateinische Begriff *universus* bedeutet »gesamt«, per Definition ist unter dem Universum die Gesamtheit von Raum und Zeit sowie aller Materie und Energie darin zu verstehen. Doch neben der sachlichen Beschreibung wohnt dem Universum eindeutig eine spirituelle Natur inne!
Wenn wir nachts den Sternenhimmel betrachten, überkommt uns ein mystisches Gefühl von Unendlichkeit und Ehrfurcht – so viele Sterne, so viel Weite … Wir fragen uns, warum wir hier sind, auf diesem Planeten, und was es mit dem Leben auf sich hat.
Gleichzeitig stellt sich die Frage nach Gott – schließlich muss sich dieses Wunder doch jemand ausgedacht haben und darauf aufpassen? Neuerdings werden Gott und das Universum immer öfter in einem Atemzug genannt. Warum auch nicht? Vielleicht ist das Universum der Schauplatz des Geschehens, der gleichzeitig durch und durch von dieser universellen Kraft durchdrungen ist. Dabei ist es meiner Meinung nach gar nicht so wichtig, ob wir nun »Gott« dazu sagen im Sinne einer Religion, der wir folgen, »Höhere Macht« oder »göttliche Energie«. Entscheidend ist unsere persönliche Verbindung zu dieser liebenden und wohlwollenden Kraft.
Gott, das Universum, Menschen, Tiere, Pflanzen und Planeten – alles ist letztlich Energie, die in verschiedenen Frequenzen schwingt. Je höher unsere Schwingung, desto näher kommen wir dem Göttlichen. Meines Erachtens ist das Universum so etwas wie eine große Bühne, und wir sind alle Teil davon und spielen ein großes Erfahrungsspiel. Bei diesem Spiel geht es unter anderem darum, sich als Mensch daran zu erinnern, dass wir eine Seele haben, die uns in diesem Spiel leiten möchte. Sobald wir der Stimme unserer Seele lauschen und ihren Impulsen folgen, merken wir, dass wir vom Leben getragen werden. Das Universum ist also nicht nur im Außen zu finden, sondern auch in uns selbst. Wir sind Teil davon!
Sicherlich gibt es nicht nur rosarote liebevolle Energien im Universum und Friede-Freude-Eierkuchen. Das haben wir schon alle erfahren. Es geht auch nicht darum, Schmerz und Leid zu verdrängen, sondern sich damit auseinanderzusetzen. Unser Planet braucht in vieler Hinsicht Liebe und Heilung.
Wichtig ist es meines Erachtens, sich auf das Gute zu konzentrieren, dafür aktiv zu werden und es dadurch zu verstärken. Das klappt prima durch die bewusste Anwendung des Gesetzes der Anziehung. Und je mehr Menschen das tun, desto heller und freundlicher wird unsere Welt.
Ich glaube, dass alle Religionen letztlich verschiedene Wege zu Gott und somit zum Universum sind – keine ist besser oder schlechter! Es ist doch wunderbar, wenn jeder einen Weg findet, der sich für ihn richtig und nährend anfühlt. Ich persönlich bin im evangelischen Glauben aufgewachsen und diesem im Herzen immer noch zugetan, aber mich inspirieren auch Osho und viele weitere spirituelle Autoren wie Louise Hay, Neale Donald Walsch, Sabrina Fox, Esther und Larry Hicks, um nur ein paar zu nennen.

Worum geht es WIRKLICH *im Leben?*

Bestimmt gibt es viele Antworten auf diese Frage, und jeder sollte darauf seine eigene finden. Die Vielfalt ist ja das Spannende am Leben! Ich möchte dir in diesem Kapitel aber ein paar Impulse geben, die du für dich prüfen kannst. Denn es liegt mir am Herzen, Menschen an die Sehnsucht ihrer Seele zu erinnern.

Ich persönlich halte die Idee der Reinkarnation, also der Wiedergeburt, für gut möglich. Demnach befinden wir uns alle auf einer langen Reise durch viele Inkarnationen, während der unsere Seele die verschiedensten Erfahrungen macht. Ich glaube weiterhin, dass Liebe die zentrale Kraft ist, der alles entspringt und an die es sich zu erinnern gilt. Vor jedem neuen Leben auf der Erde nimmt sich die Seele eine bestimmte Erfahrungs- und Lebensaufgabe vor, um persönlich zu wachsen und sich an die Liebe zu erinnern. Sie inkarniert dann in eine Familie, in der sie die idealen Startbedingungen vorfindet, die diese Erfahrung ermöglichen.

Zum Beispiel Unabhängigkeit

Vielleicht hat sich eine Seele vorgenommen, ihre Unabhängigkeit zu entdecken. Sie macht dann in ihrem Leben als Mensch in ihrer Ursprungsfamilie erst einmal die Erfahrung von großer Abhängigkeit. Vielleicht sind dort die Regeln sehr eng, und es wird nicht gern gesehen, eigene Wege zu gehen. Aus Angst vor Liebesverlust und aus dem Wunsch nach Zugehörigkeit bleibt die Person verhältnismäßig lange in einer Abhängigkeit zu ihrer Familie.
Doch ihre innere Sehnsucht schickt sie irgendwann auf eine Suche. Der Wunsch nach Freiheit ist so groß, dass sie ins Ausland zieht und viele Jahre dieser persönlichen inneren Suche widmet. Auch in Beziehungen begegnet ihr das Thema Freiheit versus Bindung immer wieder aufs Neue.
Sie folgt ihrer tiefsten Sehnsucht und beginnt, Schritt für Schritt ihr Herz dafür zu öffnen, den Wunsch nach Freiheit liebevoll anzunehmen – und dadurch wirklich frei zu werden.
Schließlich entdeckt sie in ihrem Lebensthema ihre Aufgabe und Berufung: nämlich andere Menschen dabei zu unterstützen, aus engen Systemen herauszuwachsen und innerlich frei zu werden.

Das Herz als Kompass

Das Herz und die Seele eines Menschen stehen in enger Beziehung. Ich glaube, dass unsere Seele uns unter anderem über die emotionalen Empfindungen unseres Herzens leiten möchte. Fühlt es sich weit an oder verschließt es sich in bestimmten Situationen, bei gewissen Entscheidungen, im Kontakt mit unterschiedlichen Menschen?
Darauf gilt es zu achten – unser Herz ist gewissermaßen unser Kompass, der uns den richtigen Weg zeigen möchte!

Im ersten Schritt geht es um Heilung und Öffnung des Herzens

Denn oft ist es so, dass wir durch alte Verletzungen und Erfahrungen unser Herz bis zu einem bestimmten Grad verschlossen haben und gar nicht mehr richtig spüren. Wenn wir unser Herz wieder öffnen, sind wir oft erst einmal mit den entsprechenden alten Gefühlen konfrontiert, die angenommen werden und heilen möchten. Dadurch entwickeln wir ein feineres Gespür für unser Herzempfinden und die Richtung, in die es uns zieht.

Im zweiten Schritt geht es darum, seinen Impulsen zu folgen, in die Fülle zu finden und das große Ganze zu bereichern

Leider sterben viele Menschen heute an ihrem verschlossenen Herzen.
Auf körperlicher Ebene erleiden sie einen Infarkt, weil die Gefäße nicht mehr durchlässig sind. Auf energetischer Ebene kann die Liebe nicht mehr fließen, weil die Herzverbindung blockiert ist. Die Seele erreicht praktisch den Menschen nicht mehr. Als ob man telefonieren möchte und der Empfänger sich in einem Funkloch befindet.
Haben wir dagegen in unserem Leben auf die Stimme unserer Seele gehört und sind unserem Herzen gefolgt, können wir am Ende bestimmt friedlich gehen. Unsere Seele ist zufrieden, denn sie hat das gelernt, was sie erfahren wollte.

Seele und Herz

Die Seele eines Menschen ist – so glaube ich – viel größer und weiser, als wir alle ahnen. Sie ist die feinstoffliche Energie eines Menschen, die Instanz, die die Erfahrungen des Menschseins durchlebt. Der Reinkarnationstheorie zufolge kehrt die Seele so oft in ein menschliches Leben zurück, bis sie innerlich durch alle Erfahrungen so weit gewachsen ist, dass sie zurück in die Einheit kehren kann. Wie genau das funktioniert, darüber können wir als Menschen allerdings nur spekulieren.
Zur Seele fällt mir das Eisbergmodell von Sigmund Freud ein, zu dem wir später noch kommen. Der Psychiater beschrieb darin einen Eisberg, von dem ein Achtel aus dem Wasser schaut und sich sieben Achtel unter der Wasseroberfläche befinden. In seinem Beispiel steht das eine Achtel für das Bewusstsein eines Menschen, die sieben Achtel für sein Unterbewusstsein. Um die Seele zu beschreiben, stelle ich mir den Eisberg gern andersherum vor: Ein Achtel repräsentiert den Menschen und seine Persönlichkeit, und die restlichen sieben Achtel befinden sich »oben« im feinstofflichen Bereich und möchten uns führen und leiten. Sind wir nur mit dem einen Achtel unseres menschlichen Daseins identifiziert, fühlen wir uns manchmal klein und verloren; verbinden wir uns jedoch mit dem größeren weisen Teil unserer selbst, den sieben Achteln unserer Seele, so werden wir gestärkt und von einem kraftvollen Energiestrom genährt und getragen.

Das Herz ist – so glaube ich – nicht nur unser emotionales Zentrum, sondern auch unsere direkte Verbindung zur Seele. Wenn es weit ist, fühlen wir uns verbunden und empfinden Liebe und Mitgefühl; ist es eng oder verschlossen, sind wir oft auch nicht mit unserer Seele in Kontakt und fühlen uns innerlich »abgeschnitten«.
Manche spirituellen Lehren sprechen von jungen und alten Seelen. Alte Seelen haben im Gegensatz zu jüngeren Seelen schon sehr viele Inkarnationen erlebt und somit mehr Erfahrungen gesammelt. Sie haben oft das Gefühl, dass ihnen bestimmte Erfahrungen bekannt vorkommen, und inkarnieren meist mit einem speziellen Auftrag, um das große Ganze zu verbessern. Jüngere Seelen sind im Gegensatz dazu oft naiver, unerfahrener. Ob die Theorie der jungen und alten Seelen stimmt, weiß ich nicht, aber ich könnte es mir gut vorstellen.

Liebt uns das Universum wirklich?

Natürlich fragt man sich auch, warum Menschen bestimmte Erfahrungen machen müssen, die besonders schmerzhaft sind und ungerecht erscheinen. Unschuldige Opfer von Krieg und Gewalt, Armut und Krankheit haben sich dies vermutlich nicht bewusst ausgesucht – wer würde das schon freiwillig tun?
Eine genaue Antwort auf diese Frage kann ich auch nicht geben. So etwas liegt außerhalb unseres menschlichen Verständnisses, glaube ich. Vielleicht ist die Erfahrung auf Seelenebene begründet oder mit der Idee des Karmas zu erklären, die besagt, dass wir bestimmte Erfahrungen durchlaufen, um daran zu wachsen und zu reifen. Trotzdem erscheint vieles ungerecht, was Menschen erleben müssen, und man zweifelt an der Gerechtigkeit …
Dennoch glaube ich, dass das Universum uns liebt. Bei den meisten schwierigen Erfahrungen gibt es doch immer auch etwas Gutes – einen lieben Menschen, der einem zum Beistand geschickt wurde, eine Lehre, die man daraus ziehen konnte, wenn auch oft erst viel später.
Die Einstellung und der Glaube an ein liebendes Universum wird natürlich durch unsere persönlichen Erfahrungen geprägt. Erfahren wir im Elternhaus liebevolle Unterstützung, glauben wir automatisch, dass das Leben und somit das Universum uns unterstützen. Wurde uns als Kind zu wenig Liebe und Aufmerksamkeit geschenkt, war niemand da für uns oder erlebten wir Missbrauch in irgendeiner Form, erscheint uns das Leben, das Universum oft als ungerecht. Unsere Einstellung wurde früh geprägt. Negative Erfahrungen jeder Form sind allerdings oft der Auslöser, auf eine innere und äußere Suche zu gehen und sich überhaupt erst mit universellen Fragen zu beschäftigen.

Erfahrung, Wachstum und Liebe

Kommen wir noch mal zurück auf den Gedanken, dass das Leben aus einer höheren Perspektive betrachtet ein großes Erfahrungsspiel ist. Bei diesem Spiel geht es unter anderem darum, als Mensch der Stimme unserer Seele, unserer Intuition, unseres Herzens zu folgen. Dadurch nehmen wir unseren Platz in der Welt ein und erfüllen die Aufgabe, deretwegen wir hier sind. Die Stimme unseres Herzens stellt praktisch unser inneres GPS dar, das uns zu einem von Sinn erfüllten Leben leiten möchte. Also:

Materielle Werte sind zwar wunderbare Spielzeuge, um unser Leben als Mensch angenehm und komfortabel zu gestalten. Aber sie allein befriedigen nicht die tiefe Sehnsucht unserer Seele, und am Ende des Lebens müssen wir sie ohnehin zurücklassen.

Was uns am Lebensende erfüllt und friedlich zurückblicken lassen wird, ist die Erfahrung von Wachstum, Liebe und Sinn.

Denn nichts anderes können wir am Ende mitnehmen.

Das Universum ist ein großer Spielplatz.
Wir sind alle Teil davon und spielen ein großes Erfahrungsspiel.

Die Grundregeln des Universums

1. Gesetz des Universums

Alles ist Energie, die in unterschiedlichen Frequenzen schwingt.
Ähnliche Energien ziehen sich an.

2. Gesetz des Universums

Wir leben in einer Welt der Polaritäten.
Diese ermöglichen uns Erfahrungen und Wachstum.

3. Gesetz des Universums

Es gibt bewusste und unbewusste Resonanz.
Das Resonanzgesetz wirkt im Positiven wie im Negativen.

4. Gesetz des Universums

Im Leben geht es letztlich um Wachstum, Liebe und Sinn. Denn nichts anderes können wir am Ende mitnehmen.

Was es mit »ZUFÄLLEN« auf sich hat

Hast du schon mal etwas Überraschendes erlebt und dabei gedacht, »das kann doch jetzt kein Zufall sein«? Die meisten von uns kennen solche Momente. Was wäre, wenn es wirklich kein Zufall war, sondern das Leben dir in diesem Moment etwas zugespielt hat? Wenn wir uns das Wort »Zufall« mal genauer anschauen, entdecken wir darin das Wort »zufallen«. Warum aber fällt uns etwas zu? Aus heiterem Himmel oder weil es eine Bedeutung hat?

Schon sind wir wieder beim Resonanzgesetz. Ich glaube nicht, dass das Universum Ereignisse mit dem Zufallsgenerator kreiert. Vielmehr ziehen wir Ereignisse und Erfahrungen durch unser Schwingungslevel in unser Leben. Je höher und positiver unsere Schwingung ist, desto mehr positive Erfahrungen fallen uns zu. Deshalb ist es so wichtig, dass wir bewusst und liebevoll mit unserem Körper, unseren Gefühlen und Bedürfnissen umgehen! So halten wir unsere seelische und körperliche Energie auf einem angenehmen und im wahrsten Sinne attraktiven Level.

Vielleicht kennst du das Phänomen der Erfolgssträhne. In dieser Phase läuft alles wie am Schnürchen, du hüpfst morgens freudig aus dem Bett, unterwegs im Straßenverkehr sind alle Ampeln grün, du hast Erfolg im Beruf und machst in jeder Hinsicht positive Erfahrungen. Durch dein positives Strahlen ziehst du immer mehr dieser positiven Erfahrungen und Menschen an, wirkst wie ein Magnet!

Aufgrund der Polarität gibt es aber auch das umgekehrte Phänomen, die Negativspirale. Einen Tag, an dem so ziemlich alles schiefläuft, haben wir auch schon alle mal erlebt. Morgens springt dein Auto nicht an, du verpasst den Bus, stehst mit dem nächsten im Stau, verschüttest deinen Kaffee, hast Ärger mit einem Kollegen, und als du abends nach Hause kommst, entdeckst du einen Rohrbruch. So oder so ähnlich verläuft eine Negativspirale, in diesem Fall auf einen Tag verkürzt. Deine Laune wird durch jedes Ereignis noch negativer, und die veränderte Schwingung zieht Ereignisse an, die dieser schlechten Stimmung entsprechen.

Oft spiegeln uns äußere Ereignisse also einfach unseren eigenen Zustand zurück, im Guten wie im Schlechten. Doch selbst negative Ereignisse, die uns »zufallen«, haben oft einen positiven Sinn, denn sie möchten uns wachrütteln und zum Handeln bewegen.

Astrid

Sie befand sich schon länger in einer Negativspirale. Ihre Ehe war vor einigen Jahren zerbrochen, und seitdem war es der 50-Jährigen nicht gelungen, etwas Positives an ihrer Situation zu erkennen. Ihr ständiges Klagen vertrieb mit der Zeit auch langjährige Freunde. Astrid sah sich einfach immer nur als Opfer und konnte nicht erkennen, dass sie selbst Einfluss auf ihre Situa-

tion hatte, also ihr Glück selbst in die Hand nehmen konnte. Kurz vor Weihnachten stürzte sie und brach sich das Bein. Auf diese Weise zum Innehalten gezwungen, musste sie sich über mehrere Wochen allein zu Hause ihren Gefühlen und ihrer Verantwortung stellen. Weinend fragte sie sich, wie sie den Rest ihres Lebens verbringen wollte, und ihr Leidensdruck wurde so groß, dass sie endlich bereit war, selbst aktiv zu werden. Schritt für Schritt begann sie, Veränderungen in ihrem Leben vorzunehmen, und kehrte dadurch die negative Spirale Stück für Stück in eine positive um. »Mein Sturz hat mich aufgeweckt«, sagt sie heute. »Das Leben wollte mir deutlich zeigen, dass ich auf dem falschen Weg bin, und gab mir Zeit, meinen neuen zu planen. Ich bin fast dankbar für den Sturz, auch wenn es wehtat.«

»Gottes Wege sind unergründlich«

Wenn wir negativen »Zufällen« beziehungsweise Schicksalsschlägen ausgesetzt sind, fällt es uns oft schwer, den Nutzen darin zu erkennen. Doch verbirgt sich auch hier eine seelische Lernaufgabe, die uns reifen lassen möchte – was wir aber oft erst rückblickend erkennen.

Mit Sicherheit gibt es auch »Zufälle«, die nicht mit unserer eigenen Schwingung zu erklären sind. Manchmal passieren im Leben einfach Dinge, die außerhalb unseres Einflusses liegen. »Da hat der Himmel seine Hand im Spiel«, pflegen manche Menschen zu sagen, wenn es aussieht, als ob hinter den Kulissen glückliche Ereignisse geplant und positive Umstände erschaffen werden … und wer weiß, vielleicht ist es ja auch so? Eine Zusage für den erhofften Job, eine ersehnte Schwangerschaft, ein Sechser im Lotto – hier scheint das Universum seine Hände im Spiel zu haben, ohne dass wir darauf viel Einfluss hätten.
In solchen Fällen sage ich immer: »Was so sein soll, wird passieren.« Dadurch erkläre ich mein Vertrauen in das Universum, in Gott und seine Pläne. Ich möchte dir diese Haltung sehr ans Herz legen, denn sie wird dich entspannen und dir ein warmes, wohliges Gefühl vermitteln!

Ich glaube, dass Gott uns liebt und stets das Beste für uns im Sinn hat. Manchmal hat er andere Pläne als wir selbst, und doch dient alles, was passiert, unserer Entwicklung und hat einen höheren Sinn.

Positives ENERGIE-*management*

Um im Einklang mit den Gesetzen des Universums zu leben, ist es wichtig, einen bewussten Umgang mit der eigenen geistigen, emotionalen und körperlichen Energie zu pflegen. Denn wenn wir uns in einer positiven Schwingung befinden, haben wir automatisch einen besseren Kontakt zu unserer Intuition, erkennen klar die äußeren Zeichen und die nächsten Schritte auf unserem Weg.

Stell dir ein Radio vor. Je nach Frequenz kannst du verschiedene Sender mit ganz unterschiedlichen Informationen und diversen Musikstilen empfangen. Wenn du dafür sorgst, dass du – also der Empfänger – dich auf eine positive, dankbare und wohlwollende Schwingung einstellst, sendet das Universum – die Radiostation in diesem Bild – im passenden Frequenzbereich. Lebendige Musik macht einfach mehr Spaß als eintönige, negative Nachrichten.
Die Grundvoraussetzung beim positiven Energiemanagement ist unsere Eigenverantwortung – ein wunderbares Geschenk! Wir haben es selbst in der Hand, wie wir uns ernähren, ob wir zum Sport gehen, wohin wir unsere Gedanken lenken, welche Worte wir wählen!

Wir sind Schöpfer, nicht Opfer, und als Schöpfer können wir bewusst auf unsere eigene Energiequalität Einfluss nehmen und auf diese Weise auch unser Umfeld positiv beeinflussen.

Ganz wichtig: Alles, was wir nicht beeinflussen können – unvorhergesehene Ereignisse ebenso wie das Verhalten anderer Menschen –, lässt uns immerhin die Freiheit zu entscheiden, wie wir damit umgehen wollen, und das haben wir in der Hand!
Ich kann dir versichern, dass das Leben jeden liebevoll und großzügig unterstützt, der eigenverantwortlich lebt und seine Energie bewusst in positive Bahnen lenkt!

Sorge für positive innere Schwingungen. Tue jeden Tag etwas, das deine Energie anhebt.

So kannst du deine Energie anheben

SIEBEN TIPPS FÜR DEN ALLTAG

Praxisanleitung

1. Geh raus in die Natur

Die Natur ist ein wunderbarer Helfer, um in Fluss zu kommen. Großzügig stellt sie uns ihre frische Energie zur Verfügung, um emotional und körperlich aufzutanken. Gehe im Grünen spazieren oder am See, oder zieh dir Turnschuhe an und treibe an der frischen Luft Sport. Nimm das Schöne um dich herum mit allen Sinnen auf, atme tief die frische Luft ein, spüre deinen Körper, richte dich bewusst aufs pure Wahrnehmen aus. Danach fühlst du dich meist positiver und klarer!

2. Ernähre dich gesund

Auch unsere Ernährung kann uns auf verschiedenen Ebenen Energie schenken, uns sowohl körperlich als auch energetisch nähren. Kennst du es, richtig Lust auf etwas Gesundes zu haben? Auf einen knackigen Salat, frische Früchte oder eine leckere warme Suppe? So eine bewusste Mahlzeit gibt uns in jeder Hinsicht ein gutes Gefühl. In schlechterer Stimmung wächst oft auch die Lust auf Junkfood, und danach fühlst du dich vermutlich noch schwerer und unbeweglicher.
Achte bei deiner Ernährung einfach auf ein Gefühl von Leichtigkeit. Schau, was Körper und Seele gerade brauchen, und orientiere dich an naturbelassenen Nahrungsmitteln.

3. Räume auf!

Wenn du dich gut und voller Energie fühlen willst, kann Aufräumen Wunder wirken! Fang an, deine Wohnung aufzuräumen, vielleicht auch deinen Schreibtisch, Kleiderschrank oder Keller. Gib weg, was du nicht mehr brauchst. Sobald du im Außen eine Klarheit geschaffen hast, wirst du dich auch im Inneren klarer fühlen, leichter und beschwingter, weil Energie, die zuvor blockiert war, nun einfach wieder besser fließen kann.
Vielleicht bekommst du jetzt auch das Bedürfnis, innerlich aufzuräumen? Schreibe in ein Tagebuch, was in deiner Gedanken- und Gefühlswelt vor sich geht. Am besten tust du dies jeden Abend in einem Ritual. Wirkt Wunder!

4. Mach etwas Kreatives!

Kreative Betätigung schafft positive Gefühle, wenn sie ein schönes Resultat hervorbringt – oder Erleichterung, weil sie dir bei deinem Selbstausdruck hilft.
Was könnte das für dich sein? Schau, was dir Spaß macht! Du könntest zum Beispiel etwas Leckeres kochen, das du dann gemeinsam mit deinen Lieben verzehrst. Oder etwas schreiben, das andere inspiriert. Oder du versuchst dich im Malen, denn mit Farben und Pinsel in der Hand kommt oft automatisch etwas in Fluss.
Probiere es aus: Wenn du aktiv etwas machst, das ein sichtbares Ergebnis hervorbringt, lenkst du deine Energie bewusst in positive Bahnen!

5. Hilf anderen!

Ein gutes Rezept für positive Gefühle ist es, deinen Fokus nach außen zu richten und zu schauen, wo du gebraucht wirst. Sei es, dass du dich in deinem Beruf engagierst oder privat deinem alten Nachbarn beim Einkaufen hilfst, den Kindern bei den Hausaufgaben oder in Form einer ehrenamtlichen Tätigkeit. Anderen zu helfen bewirkt, dass sich beide besser fühlen – derjenige, dem geholfen wird, und auch der Helfer selbst. Das ist doch praktisch!

6. Folge der Leichtigkeit

Leichtigkeit ist *der* Kompass, um dein Leben in Fluss zu bringen. Das Gefühl von Schwere entsteht meist dann, wenn du nicht der Leichtigkeit folgst, sondern den Erwartungen anderer, oder wenn du nicht wirklich das tust, was dir und deinen Talenten entspricht.
Das Gefühl von Leichtigkeit und Freude kommt immer dann auf, wenn du der Stimme deiner Seele folgst, die stets das Beste im Sinn hat für dich und andere.

7. Richte deinen Blick täglich nach innen

Für innere Klarheit und Zentrierung empfehle ich dir, jeden Tag zu meditieren. Denn dadurch schließt du dich täglich an deine innere Tankstelle an. Falls dir stilles Sitzen mit geschlossenen Augen nicht behagt, versuche es mit Yoga, Tagebuchschreiben oder etwas Ähnlichem. Nimm dich und deine Gedanken und Gefühle wahr und verbinde dich mit dir.

Uralte Weisheit: WIE INNEN, so außen

Im Grunde ist alles im Leben – dein Partner, dein berufliches Umfeld, deine Wohnung – ein Spiegel deines aktuellen Innenlebens. Ich sage bewusst aktuell, denn du hast es jederzeit in der Hand, dies zu verändern!

Sieh es mal so: Deine derzeitigen Umstände sind eine ideale Schule, die es dir ermöglicht, genau das zu lernen, was gerade dran ist. Da, wo du gerade stehst, bist du goldrichtig!

Zum Beispiel im Beruf

Dein berufliches Umfeld gibt dir im Austausch gegen dein Gehalt die Möglichkeit, deine Fähigkeiten einzusetzen und praktische Erfahrungen zu sammeln, sowohl fachlich als auch zwischenmenschlich. Idealerweise ist deine Arbeitsstelle ein Ort, wo du gern hingehst und persönlich wachsen kannst – denn dann fühlst du dich im Fluss. Die berufliche Aufgabe, der du gerade nachgehst, und die damit verbundenen Anforderungen spiegeln gewissermaßen ein Stück weit dein Potenzial, das sich entfalten möchte. Deswegen ist es nicht unüblich, dass sich der berufliche Rahmen in dem Maße ändert, in dem wir innerlich wachsen. Jede Station hat ihren Sinn, denn überall können wir etwas lernen.
Falls dein Beruf dich möglicherweise gerade frustriert oder auslaugt, frage dich, was du

»Jeder Mensch kann uns als Spiegel dienen,
in dem wir alle Fehler und Mängel erblicken, die in uns sind.
Wir handeln jedoch meistens wie ein Hund,
der den Spiegel anbellt, weil er glaubt, dort nicht sich,
sondern einen anderen Hund zu erblicken.«

Lew Tolstoi

durch diesen Spiegel lernen kannst? Vielleicht, dass du bestimmte emotionale Muster in dir heilen darfst? Dass du selbst es in der Hand hast, dir einen neuen Job zu suchen? Oder darauf zu vertrauen, dass das Leben etwas Besseres für dich vorgesehen hat?
Vermeintlich negative Erfahrungen bergen trotz allem oft ein großes Potenzial für persönliches Wachstum.

Gemäß dem Resonanzgesetz wird uns im Beruf stets ein optimales Lernfeld präsentiert, und wir halten uns so lange darin auf, wie es etwas zu lernen gibt.

Im Spiegel unserer Beziehungen

Auch unsere persönlichen Beziehungen sind ein deutlicher Spiegel dessen, was wir aussenden. Der Volksmund sagt dazu: »Wie man in den Wald hineinruft, so schallt es heraus.«
Wenn wir freundlich und wertschätzend mit anderen umgehen – seien es Freunde, Kollegen oder die Kassiererin im Supermarkt –, spüren sie das und reagieren meist genauso.
Je enger die Bindung – also im familiären Rahmen oder zu unserem Partner –, desto mehr kann die Beziehung zum Erkenntnisfeld für unser persönliches Wachstum werden.
Die Liebesbeziehung ist oft der deutlichste Spiegel und fördert alle unsere Sonnen- und Schattenaspekte zutage – nirgendwo sind wir uns so nah wie hier! Sie präsentiert uns glasklar, was wir aussenden, was wir uns wünschen und wo wir stehen. Dass in einer solchen Verbindung alles ans Licht kommt, ist wunderbar, denn dies ermöglicht es uns, innerlich ganz zu werden.
Allerdings ist es verlockend, Veränderung bewirken zu wollen, indem wir den Spiegel putzen, also das Außen verändern wollen. Ich glaube, das ist uns allen schon einmal passiert.
»Wenn meine Partnerin endlich mal dies und das an ihrem Verhalten ändern würde, ginge es uns besser.« – »Wenn er nur gesünder leben würde, müsste ich mir nicht immer Sorgen um ihn machen.«
Sein Umfeld und andere Menschen verändern zu wollen ist wirklich zäh und anstrengend und letztlich Energieverschwendung. Manchmal tun wir es, um uns nicht mit uns selbst auseinandersetzen zu müssen.
Es ist viel weiser, uns zu fragen, was wir durch den äußeren Spiegel über uns selbst lernen können! Dann erst kommen wir zu uns und in unsere Kraft – und wir erkennen, dass nur hier ein Hebel für Veränderung sitzt.
Aus diesem Bewusstsein heraus können wir dann mit neu gewonnener Klarheit bewusst unsere Umstände gestalten.

Wenn wir uns selbst verändern, ändert sich als Konsequenz auch der äußere Spiegel – nicht umgekehrt. Das ist die Bedeutung der Weisheit »Wie innen, so außen«.

Die Schule DES LEBENS verstehen

Das Leben und seine Bühne ist die beste und spannendste Schule überhaupt. Auf unterschiedlichste Weise präsentiert es uns, was es aktuell zu lernen gilt. Und – so viel steht fest – in der Schule des Lebens lässt sich keine Klasse überspringen!

Dazu fällt mir das Beispiel einer Frau ein, die seit Längerem auf der Suche nach der perfekten Beziehung war.

Martina

Sie hatte sich nach zehn Jahren Ehe in aller Freundschaft von ihrem Mann getrennt. Danach versuchte sie – ziemlich engagiert – in zahlreichen Dates und kürzeren Beziehungen, erneut einen Partner fürs Leben zu finden. Allerdings hielten diese Verbindungen nie lange und endeten immer in Enttäuschungen. Doch anstatt sich mit sich selbst auseinanderzusetzen und zu fragen, was ihr diese vielen, sehr ähnlichen Erfahrungen zeigen wollten, ergriff Martina immer wieder die Flucht nach vorn und suchte einen neuen Mann. So schmerzhaft erschien es ihr, allein zu sein! Sämtliche Datingportale, Ablenkungs- und Beziehungsversuche konnten aber nicht den Wachstumsschritt verhindern, den das Leben für die Mittvierzigerin vorgesehen hatte: die Auseinandersetzung mit den eigenen Gefühlen und die Erfahrung, zumindest eine Zeit lang ohne Partner zu sein und in sich selbst anzukommen.
Martina tauschte immer wieder den Spiegel aus, doch die Lektion blieb die gleiche!

Wir bekommen nicht immer, was wir wollen, sondern wir bekommen, was gerade dran ist!

Der Spiegel unserer Beziehungen möchte uns nicht ärgern. Keine Sorge, da sitzt niemand irgendwo auf einer Wolke und fädelt willkürlich ein, was dir Gutes und Schlechtes passiert! Das wäre ja wirklich unfair. Nein, das Universum ist liebevoll, ganz sicher.

Letztlich kitzeln Beziehungen das in uns hervor, was bereits in uns ist. Sich wiederholende Beziehungsdramen wie im obigen Beispiel wollen oft einfach auf einen bislang ungefühlten Schmerz aufmerksam machen, der endlich heilen möchte und dadurch Platz schafft für persönliche Weiterentwicklung. Der Partner ist als Spiegel in vielen Fällen der Auslöser und nicht die Ursache. Im Grunde liegt auch hier ein versteckter Segen in der Situation.

Sei selbst der Mensch, den du gern treffen würdest

WERDE SO ZUM MAGNETEN

Praxisanleitung

In dieser Übung möchte ich dir helfen, dich im Spiegel deiner momentanen Beziehungen zu verstehen und auf dieser Grundlage deine Resonanzfähigkeit bewusst zu formen. Es geht um den Kontakt mit anderen Menschen, aber am besten achtest du vor allem auf deine Liebesbeziehung, denn diese ist der deutlichste Spiegel.

1. Was wünschst du dir?

Nimm dir Papier und einen Stift und schreibe auf, was für dich im Kontakt mit anderen Menschen wichtig ist: Eigenschaften, Verhaltensweisen, Umgang – alles, was dir einfällt. Beachte besonders deine Liebesbeziehung.

Beispiele: Freundlichkeit, Respekt, echter Austausch, Freude.

Die Grundregeln des Universums

5. Gesetz des Universums

Alles, was passiert, basiert auf Resonanz. »Zufälle« sind Ereignisse, die dir zu-fallen, und haben ihren Sinn!

6. Gesetz des Universums

Wir sind Schöpfer und bestimmen unsere eigene Energiequalität.
Je bewusster wir unsere eigene Schwingung erhöhen, desto besser kommen wir in Einklang mit dem Universum und erkennen seine Führung.

7. Gesetz des Universums

Alles im Außen spiegelt unser Inneres. Veränderung findet erst innen statt, dann außen.

8. Gesetz des Universums

Das Leben ist eine Schule und hält stets die richtigen Lektionen für uns bereit. Was wir nicht lernen wollen, wiederholt sich.

»Das Lächeln, das du aussendest, kehrt zu dir zurück.«

Indisches Sprichwort

2. Wie fühlst du dich?

Als Nächstes notiere, wie du dich in deinen Beziehungen fühlst. Natürlich wird das mit verschiedenen Menschen unterschiedlich sein, aber notiere wieder alles, was dir einfällt. Spüre nach, was sich gut anfühlt, und schreibe genauso ehrlich auf, was sich nicht gut anfühlt.

Beispiel: Mit meinen Freunden fühle ich mich wohl, aber von meinem Partner fühle ich mich oft übersehen.

3. Was fehlt dir?

Im dritten Schritt versuchst du, die Aspekte auf den Punkt zu bringen, die dir fehlen und die du gern in deinen Beziehungen hättest. Sei möglichst genau dabei und gehe ruhig ins Detail. Je präziser du die Aspekte benennen kannst, die dir fehlen, desto eher wirst du sie in dein Leben ziehen können.

Beispiel: mehr Aufmerksamkeit und Sensibilität, mehr Lebendigkeit.

4. Kultiviere die erwünschten Eigenschaften in dir!

Beachten wir das Resonanzgesetz, so ist es entscheidend, dass wir die erwünschten Qualitäten von Beziehungen in uns selbst kultivieren, bevor wir sie im Außen anziehen können.

Im Gegensatz zum gängigen Konsumverhalten – »Mein Wunschpartner soll bitte großzügig, treu, intelligent, zuverlässig und loyal sein«, um ein Beispiel zu nennen – geht es darum, die erwünschten Qualitäten in sich selbst wachzurufen. Als Konsequenz werden sie dann auch im Außen häufiger erscheinen.

Am besten kannst du üben, die erwünschten Qualitäten in dir zu wecken, wenn du in einem entspannten Zustand bist. Vielleicht meditierst du oder legst eine entspannende Musik auf, bevor du dich gedanklich und emotional auf eine kleine Reise begibst.

- Stell dir vor, wie es sich anfühlt, all das, was du dir von außen wünschst, in dir selbst du spüren. Was würdest du dann vielleicht anders machen?

Wenn du dich zum Beispiel nach einer romantischen Beziehung sehnst und dir einen echten Gentleman als Partner wünschst, stell dir vor, wie du dich im Alltag selbst so aufmerksam und zuvorkommend behandelst.

- Rufe das Gefühl in dir wach, als wäre die Beziehung bereits da. Wie reagiert dein Körper, was empfindest du?

- Kultiviere dieses Gefühl in dir selbst.

Wenn du in deinem Leben den Fokus darauf richtest, dir selbst zu schenken, was du dir von anderen wünschst – Aufmerksamkeit, Loyalität, Fürsorge –, dann wirst du darin umgehend vom Universum unterstützt.
Das heißt natürlich nicht, dass du keine anderen Menschen mehr brauchst. Aber alle deine Beziehungen werden dadurch bereichert, dass du für dein eigenes positives Empfinden sorgst. Du schaffst damit die Voraussetzung, diese Qualitäten auch in Beziehungen zu anderen Menschen oder einem Partner anzuziehen. Wenn du in dir ruhst, wirst du zum positiven Magneten für deine Umwelt.

Alles GUTE *kommt zurück*

Bestimmt hast du schon von der Idee des Karmas gehört. Der hinduistischen Mythologie zufolge hat jede Handlung eine Konsequenz, im Guten wie im Schlechten. Alles, was du aussendest, kommt früher oder später zu dir zurück – wenn nicht in diesem, dann in einem nächsten Leben.

Ich stelle mir das wie ein Konto vor, auf das du einzahlst. Mit allen guten Taten – angefangen beim freundlichen Lächeln am Morgen über positives Engagement im Beruf und wohlwollendes Verhalten im Miteinander bis hin zu sozialem Einsatz für das große Ganze – steigerst du dein Guthaben, bist im Plus. Durch negatives Verhalten – Intrigen, Betrug, Missbrauch und Ausbeuten anderer Menschen – rutschst du ins Minus, machst auf gewisse Weise »Schulden« beim Universum.

Im Bewusstsein dieses spirituellen Prinzips erkennen wir, dass alle unsere Handlungen auf uns selbst zurückfallen. Wir sind Teil des großen Ganzen und haben es in der Hand, dessen Qualität zu bestimmen.

Ein positives Beispiel: Wenn du anderen Gutes wünschst, strömt diese positive Energie zu dir zurück. Ein Arzt, der sich für seine Patienten einsetzt, bekommt regelmäßig Geschenke.

Ein negatives Beispiel: Wenn Menschen die Natur verschmutzen, sägen sie letztlich am eigenen Stuhl. Raubbau an der Umwelt ist eigentlich Raubbau an uns selbst.

Lasst uns freudig Gutes tun!

Ganz abgesehen davon, dass es ethisch, moralisch und spirituell angemessen ist, Gutes zu tun, macht es auch richtig viel Spaß! Deine Schwingung ist viel leichter und fühlt sich auf diesem hohen Level viel besser an als auf einem geringeren Niveau.

Halte kurz inne und erinnere dich an einen Moment, wo du dich freudig, sinnerfüllt und auf positive Weise in der Geberrolle gefühlt hast. Schön, nicht wahr? Ich empfinde in solchen Momenten ein Gefühl von Verbundenheit, Weite und Miteinander.

Jetzt stell dir vor, dass es möglich ist, diese Qualität zum Grundgefühl in deinem Leben zu machen! Du hast es in der Hand, indem du dich jeden Tag positiv darauf ausrichtest, dass wir im Grunde alle miteinander verbunden sind und kreativ unsere Wirklichkeit gestalten und positiv beeinflussen können.

Natürlich rutschen wir auch alle von Zeit zu Zeit in ein Gefühl von Getrenntheit, Drama oder Disharmonie. Das ist nur allzu menschlich und gehört zum Leben dazu. Auch unangenehme Gefühle haben ihre Berechtigung, und oft beinhalten sie eine Botschaft an uns. Doch ist es dann wichtig, sich wieder an die Eigenverantwortung zu erinnern, die wir uns selbst gegenüber haben. Mit Bewusstsein wahrgenommen, können alle Emotionen leichter durchfühlt werden und wandeln sich dadurch automatisch über kurz oder lang zum Guten.

Ein Bewusstsein der FÜLLE *erschaffen*

Das Beispiel kennst du sicher: Ein zur Hälfte gefülltes Glas nimmt der Optimist als halb voll wahr, der Pessimist als halb leer. Beide haben irgendwie recht. Wie ist das möglich?

Ganz einfach: Der eine pflegt ein Bewusstsein der Fülle und sieht auch im Außen überall das Positive. Der andere spürt einen inneren Mangel und geht in der äußeren Welt entsprechend mit dem in Resonanz, was dort seines Erachtens fehlt. Schon sind wir wieder beim Spiegelprinzip.

Wie wir die Welt wahrnehmen, hat viel mit unserer persönlichen Geschichte zu tun. Sind wir in Fülle groß geworden – wobei ich mehr an emotionale als an finanzielle Fülle denke –, gibt es keinen Grund, als Erwachsene nicht auch in diesem Bewusstsein zu leben.

Ein Bewusstsein von Mangel hingegen hat oft mit einem früher erlebten Defizit an Liebe und Aufmerksamkeit zu tun. Sich dann selbst zu positivem Denken zu überreden, wenn das gar nicht der inneren Wahrnehmung entspricht, wird kaum gelingen. Emotionale Heilung ist hier ein wichtiger Schlüssel; dazu kommen wir auf den nächsten Seiten.

Möchtest du im Außen mehr Fülle erleben, wird dies automatisch geschehen, wenn du dich innerlich bewusst auf all das ausrichtest, wofür du dankbar bist und was dich erfüllt.

Praxisanleitung

Jeder Mensch strebt nach einem Gefühl von Erfüllung. Erfüllt zu leben bedeutet, tiefes Glück und einen wahren Sinn zu empfinden: eine positive Aufgabe zu haben, bereichernde Beziehungen zu führen und in einem angenehmen Umfeld zu leben.
Wenn du in der Fülle lebst, fühlst du dich innerlich und äußerlich reich und entdeckst überall die zahlreichen Geschenke des Lebens.
Zu dieser Lebenshaltung müssen wir aber meist erst finden. Am Anfang des Weges steht oft das Gegenteil der Fülle: der *Mangel!*
Fast jeder erlebt irgendwann in seinem Leben Momente, in denen er sich leer fühlt, vielleicht alles infrage stellt, in einer Krise steckt. Letztlich sind solche Momente in Wahrheit dazu da, uns auf die richtige Spur zu Fülle und Erfüllung zu setzen!

Tipp 1: Richte dein Denken neu aus

Der wichtigste Schlüssel ist Dankbarkeit für alles, was du *jetzt* bereits hast. Glaube mir, das ist mehr als bei den meisten Menschen!
Wir Deutschen gehören zu den privilegiertesten 10 Prozent der Weltbevölkerung, uns geht es unheimlich gut. Ein Dach über dem Kopf, eine Krankenversicherung, Bildung, freie Meinung, Essen – das alles ist keineswegs selbstverständlich!

- Schreibe auf, was es gerade Angenehmes in deinem Leben gibt: deine Wohnung, deine beste Freundin, vielleicht dein Partner, dein gesunder Körper.

- Anstatt gedanklich um das zu kreisen, was dir fehlt, richte deinen Fokus auf das, was du hast! Dann kannst du mehr von dem anziehen, was dir gefällt.

- Mach es dir zur Angewohnheit! Führe vielleicht ein Tagebuch, in dem du jeden Abend alle positiven Aspekte notierst, alles, wofür du dankbar bist (siehe auch Kasten Seite 33). Genieße das gute Gefühl, das dich dabei durchströmen wird!

Tipp 2: Was sind deine Talente?

- Schreibe ebenso alles auf, was dir in der Vergangenheit ein Gefühl von Lebendigkeit und Sinn gegeben hat, bei welchen Tätigkeiten du ein Gefühl von »richtig« hattest. Notiere deine Talente, deine Stärken, alle Aktivitäten, die dich in der Vergangenheit erfüllt haben. Gehe dein ganzes Leben chronologisch durch.

- Spüre dabei körperlich, wie gut und erfüllt sich das anfühlt – merke dir dieses Gefühl!

- Schreibe auch auf, was du gern mal ausprobieren würdest, wo es dich hinzieht.

Es mag sein, dass deine wahre Berufung nicht deiner Ausbildung entspricht – aber das ist egal! Wenn du dem Weg folgst, der deiner Bestimmung entspricht, wird das Leben dich unterstützen.

Tipp 3: Tu, was du liebst

Sei es dir wert, mehr Zeit mit dem zu verbringen, was dich innerlich erfüllt. Überlege, was du der Welt dadurch geben kannst. Vielleicht zunächst als Hobby, später vielleicht auch beruflich.
Der Grund dafür ist ganz einfach: Je mehr Zeit du damit verbringst, etwas zu tun, das dich mit Sinn erfüllt, desto besser wirst du dich fühlen und desto besser werden dir Dinge von der Hand gehen.
Du lässt das Leben durch dich wirken, und es lädt dich dadurch auf – es erfüllt dich!
Anders formuliert: Das Leben ist der Strom, und du stellst dich als Lampe zur Verfügung, um die Welt ein bisschen heller zu machen.

- Suche die Verbindung zu deinem Inneren, zum Beispiel in der Meditation oder der Natur, und folge deiner inneren Stimme, die dich führen möchte!

- Überlege genau, was du in den 24 Stunden tun willst, die dir täglich zur Verfügung stehen.

Tipp 4: Äußere Fülle als Folge innerer Erfüllung

Wie innen, so außen, das wusste man schon in der Antike. Du wirst als Folge der inneren Erfüllung auch im Außen mehr Fülle manifestieren. Das hört sich zu einfach an, denkst du vielleicht, aber das Leben und seine Gesetzmäßigkeiten sind in Wahrheit auch gar nicht kompliziert. Wir müssen nur mit ihnen fließen, anstatt uns mit dem Verstand dagegenzustellen und unsere innere Wahrheit zu verleugnen.

- Also: Richte dich konsequent auf das aus, was dich innerlich erfüllt, und verbringe möglichst viel Zeit damit, diesen Tätigkeiten nachzugehen. Am besten auch beruflich. Suche neue Wege, wenn dich dein derzeitiger Job nicht erfüllt.

Du wirst durch die Ausrichtung auf innere Erfüllung wacher, lebendiger und freudiger durchs Leben gehen, langfristig besser verdienen, und diese positive Ausrichtung wird sich verstärken und mehr Fülle in dein Leben ziehen. Denn: Wie innen, so außen!

Ein Fülle-Tagebuch führen

Du wirst einen wunderbaren Fülle-Fokus entwickeln, wenn du dir angewöhnst, täglich ein Fülle-Tagebuch zu führen. Dir werden immer mehr positive Aspekte auffallen, die dich bereichern. Und durch bewusste Wertschätzung wirst du mehr davon in dein Leben ziehen. Notiere einfach jeden Abend in einem eigens dafür angelegten Notizbuch, was dir an diesem Tag positiv aufgefallen ist, was dir das Leben geschenkt hat und wofür du dankbar bist. Berücksichtige kleine genauso wie große Dinge! Durch diese bewusste Ausrichtung deiner Aufmerksamkeit wirst du dein Bewusstsein schulen und dieses Ritual lieben. Dir werden immer öfter eher die positiven Aspekte auffallen als die negativen.

»Wir sollten den Kosmos
nicht mit den
AUGEN DES RATIONALISIERUNGSFACHMANNS
betrachten.
Verschwenderische
Fülle
gehört von jeher zum
WESEN DER NATUR.«
Wernher von Braun

Uns geschieht *nach unserem* GLAUBEN

In der Bibel finden wir viele Hinweise auf spirituelle Gesetzmäßigkeiten. Recht bekannt ist folgendes Zitat aus dem Matthäusevangelium (9,29): »Euch geschehe nach eurem Glauben.«

Wenn du – völlig unabhängig von sachlichen Argumenten, was möglich sei und was nicht – fest und unbeirrt glaubst, ein bestimmtes Ziel erreichen zu können, und dies im Geiste dankbar bejahst, wird dein Ziel sich früher oder später verwirklichen. Es kann gar nicht anders, es wird praktisch durch deinen Glauben in deine Realität gezogen!

Wenn du in scheinbar ausweglosen Situationen fest daran glaubst, dass du Hilfe bekommst, können Wunder geschehen. Eine Mutter rettete auf diese Weise ihr Kind, indem sie das schwere Auto bewegte, in dem es nach einem Unfall eingeklemmt war.

Der amerikanische Traum machte Tellerwäscher zum Millionär durch die Kraft ihres Glaubens und ihrer Vorstellung – und dabei spielt es gar keine Rolle, ob man diese Gesetzmäßigkeiten mit dem Verstand erfasst oder ganz unbewusst einsetzt. Die Kraft ist die gleiche!

Allerdings gilt die Wahrheit »Uns geschieht nach unserem Glauben« nicht nur im positiven, sondern auch im negativen Sinne. Vielleicht hast du es auch schon mal erlebt, dass du Angst hattest, etwas Bestimmtes würde passieren. In Gedanken hast du dir lebhaft ausgemalt, wie diese Situation ablaufen und schlimmstenfalls enden könnte, verbunden mit starken negativen Gefühlen und dem Gedanken: »Nein, bloß nicht!« Und leider ist dann genau dieses befürchtete Ergebnis eingetreten …

Konzentriere dich auf das, was du willst, und nicht auf das, was du befürchtest!

Das Prinzip der selbsterfüllenden Prophezeiung

Situationen, die wir uns lebhaft vorstellen und die mit starken positiven oder negativen Emotionen verbunden sind, haben die Tendenz, sich in der Realität zu manifestieren. Deshalb:

Deine Vorstellungskraft ist wie ein Magnet, und durch deine emotionale Intensität beim Visualisieren lädst du diesen Magneten auf und beschleunigst den Prozess der Verwirklichung.

Da viele Menschen sich des enormen Potenzials ihrer mentalen Kraft gar nicht bewusst sind und vieles in ihrem Leben unbewusst erschaffen, möchte ich dich motivieren, deine Energie ganz gezielt und positiv einzusetzen.

Wir haben praktisch alle einen Ferrari in der Garage unseres Geistes stehen und können lernen, wie man diesen fährt.

Dann können wir freudig das Gaspedal durchtreten und uns den Wind des Lebens um die Ohren pfeifen lassen! Wir wissen, wie die Lenkung funktioniert, wann wir schalten und an welchen Stellen wir bremsen müssen – in der Gewissheit, dass unser Ferrari uns überall hinbringt, wo wir hinwollen!
Beulen und Unfälle hingegen sind Hinweise des Lebens, dass wir nicht achtsam waren. Zeit für einen Spurwechsel!

So funktioniert unser UNTERBEWUSSTSEIN

In diesem Kapitel möchte ich dir etwas zur Funktionsweise unseres Unterbewusstseins erzählen, denn dieses hat sehr viel mit dem »Ferrari unseres Geistes« zu tun, von dem ich gerade sprach. Genau wie wir fürs Autofahren einen Führerschein und Fahrpraxis brauchen, sollten wir wissen und üben, wie man diese innere Instanz steuert. Dann können wir sie wunderbar nutzen.

Ich rate jedem, sich kontinuierlich und eingehend mit der Funktionsweise und den Inhalten des eigenen Unterbewusstseins auseinanderzusetzen, um bei der Manifestationsarbeit unerwünschte Resultate zu vermeiden. Denn die meisten Menschen tragen unbewusste Programme in sich, die verhindern, dass sie das ins Leben ziehen, was sie wirklich wollen. Erinnern wir uns an das Spiegelprinzip: Der Spiegel zeigt uns nicht unbedingt, was wir gern hätten, sondern einfach ganz neutral, was in uns ist.

Auf gewisse Weise ist das Unterbewusstsein der Speicher unserer Vergangenheit, im Guten wie im Schlechten. Neben positiven Erfahrungen finden wir hier oft verdrängte Gefühle aus der Kindheit, alte Glaubenssätze und Konditionierungen (siehe Kasten). Wir haben sie in die unbewussten Bereiche unseres Geistes und unserer Psyche verbannt, weil die damit verbundenen Erfahrungen oft zu schmerzhaft waren.

Um die Ferrari-Qualitäten unseres Geistes nutzen zu können, ist es sehr wichtig, diese unbewussten hinderlichen Muster ans Licht zu bringen, damit wir keinen unnötigen Ballast im Kofferraum spazieren fahren müssen. Wir machen also immer mehr von dem bewusst, was zuvor unbewusst war.

Das Eisbergmodell

Sigmund Freud beschrieb diesen Zusammenhang wie schon gesagt mit seiner bekannten Eisbergmetapher: Stellen wir uns den großen Eisberg vor, der im Meer schwimmt, sehen wir über der Wasseroberfläche nur dessen Spitze. Tauchen wir ab, entdecken wir, dass sich der weitaus größere Anteil des Eisbergs unter Wasser befindet. Der sichtbare Teil repräsentiert unser Tagesbewusstsein, der unsichtbare Teil unser Unbewusstes.

Wenn wir uns mit der Entwicklung unserer Persönlichkeit beschäftigen, schmelzen wir praktisch Schicht für Schicht den unteren Teil unseres persönlichen Eisbergs ab und gewinnen dadurch neue Energie. Dies braucht seine Zeit – schließlich wollen wir keine Überschwemmung!

Glaubenssätze

Aufgrund unserer Erfahrungen und der damit verbundenen Gefühle haben wir alle diverse Glaubenssätze gebildet. Ein Glaubenssatz fasst den Schluss zusammen, den wir aus bestimmten Erfahrungen gezogen haben, im Guten wie im Schlechten. Positive Glaubenssätze fördern unser Wohlbefinden, beispielsweise »Ich habe immer alles geschafft«. Es gibt allerdings diverse hinderliche Glaubenssätze, die unserem Glück oft im Weg stehen. »Ich muss etwas leisten, um geliebt zu werden« ist ein typisches Beispiel für einen Glaubenssatz von Menschen, die in ein Burn-out geraten.

Es ergibt Sinn, sich seine unbewussten Glaubenssätze bewusst zu machen und sich mit dem dahinter liegenden Schmerz auseinanderzusetzen (siehe auch ab Seite 71).

Es gibt zahlreiche Wege, um bewusster zu werden. Meditation ist mit Sicherheit einer der wichtigsten, und ich rate dir, eine Methode zu finden, die dir gefällt, und eine gewisse Routine dabei zu entwickeln. Auch ein guter Therapeut oder Coach kann dir helfen, Unbewusstes aufzudecken und zu integrieren.

Meditation

MEHR INNERE RUHE FINDEN

Praxisanleitung

Es gibt verschiedenste Methoden, um durch Meditation mehr innere Ruhe zu entwickeln. Wundere dich aber nicht, dass es zunächst innerlich ziemlich »laut« wird, wenn du damit beginnst! Gedanken und Gefühle, die wir oft durch äußeres Beschäftigtsein verdrängen, machen sich dann deutlicher bemerkbar. Das ist gut, denn dadurch lernen wir uns besser kennen. Langfristig wird es ruhiger werden, und du wirst deine Meditationspraxis nicht mehr missen wollen. Vielleicht wirst du dadurch sogar ein Gefühl entwickeln, innerlich »nach Hause zu kommen«.

- Möchtest du anfangen zu meditieren, rate ich dir, dich zuvor zu bewegen, zum Beispiel spazieren zu gehen oder zu tanzen. Dadurch kommst du richtig in deinem Körper an.

- Setze dich dann aufrecht hin, zum Beispiel auf einen Stuhl, und spüre die Lehne in deinem Rücken und den Kontakt deiner Füße zum Boden.

- Schließe die Augen und spüre einfach deinen Atem, ohne ihn verändern zu wollen.

- Tauchen Gedanken und Gefühle auf, lass sie da sein, ohne sie zu bewerten. Stell dir vor, du beobachtest dich einfach innerlich.

- Mach das zum Einstieg jeden Tag etwa 15 Minuten lang.

Zeit für ein inneres Update!

Unser Unterbewusstsein wird maßgeblich in der Kindheit geprägt. Stellen wir es uns wie eine Festplatte vor, auf der viele alte Daten gespeichert sind. Ab einem bestimmten Punkt wird unser Computer langsamer und hat keine Kapazität mehr für neue Informationen. Wir müssen uns die alten Daten ansehen, bevor wir sie löschen können.

Haben wir die Festplatte aufgeräumt, können wir neue Programme installieren!

Genau wie ein Computer, der nicht hinterfragt, was man eingibt, funktioniert auch das Unterbewusstsein. Es setzt Informationen um. Denken wir an die zuvor erwähnte selbsterfüllende Prophezeiung: Entscheidend ist nicht, was wir wollen, sondern was wir uns vorstellen und dabei fühlen. Deshalb ist die bewusste Vorstellung so wichtig!
Das Unterbewusstsein spricht eine bildliche Sprache; füttere es mit positiven Vorstellungen. Verneinungen sorgen eher für Irritation. Dazu ein paar Beispiele:
Was passiert, wenn ich dir jetzt vorschlage, dass du dir bitte genau in diesem Moment *keinen* rosa Elefanten vorstellen sollst? Garantiert wird ein rosa Elefant vor deinem inneren Auge erscheinen, den du dann irgendwie wieder loswerden möchtest!
»Ich wünsche mir mein Traumhaus mit Garten und Balkon« ruft die erwünschten Bilder hervor und macht dich magnetisch für dein Traumhaus.
»Ich will nicht mehr in dieser lauten Umgebung wohnen« hingegen bekräftigt den Status quo, denn dein System speichert bildlich den unerwünschten Zustand »Ich in dieser lauten Umgebung«.

Neben Bildern nutzt das Unterbewusstsein ganz stark die Sprache der Gefühle.

Was du dir bild- und lebhaft vorstellen kannst, ruft entsprechende Gefühle hervor, die dich magnetisch für Gleiches im Außen machen.

Die Gefühle sind praktisch das Benzin, das die Manifestation in Gang setzt.

Dein Unterbewusstsein funktioniert in gewisser Weise ähnlich wie ein Computer.

Spüre auf jeder Ebene die Freude, die mit der Vorstellung des erfüllten Wunsches einhergeht! Wie fühlt sich dein Körper an? Hast du Schmetterlinge im Bauch? Genieße die Leichtigkeit und speichere sie innerlich ab. So wirst du immer magnetischer für die äußere Manifestation deiner inneren Bilder.

Energie möchte FLIESSEN

Eine weitere wichtige Gesetzmäßigkeit für das Erschaffen unserer Realität ist die des Energieflusses.

Stellen wir uns einen Bach in der freien Natur vor. Er fließt einfach fröhlich seines Wegs. Liegen Steine darin, sucht sich das Wasser selbst einen anderen Weg drum herum. Manchmal bilden sich Strudel oder Dämme, der Bach läuft über oder friert vorübergehend ein, aber in flüssiger Form mit etwas Gefälle möchte das Wasser stets in Bewegung sein.
Genauso verhält es sich mit jeder Form von Energie. Gefühle sind zum Beispiel auch eine Form von Energie. Werden sie frei wahrgenommen und bei Bedarf ausgedrückt, laufen sie wie eine Welle durch den hindurch, der sie empfindet. Ein wunderbares Beispiel sind Kinder: Sie lachen, wenn sie fröhlich sind, weinen, wenn sie traurig sind, und schreien, wenn sie auf sich aufmerksam machen wollen. Dadurch stauen sich ihre Gefühle meist nicht lange auf.
Wir Erwachsenen sind aus verschiedenen Gründen oft nicht mehr so frei darin, unsere Gefühle zuzulassen. Wie der Bach, dessen Wasser einfriert, können auch emotionale Energien erstarren. Werden Emotionen dauerhaft unterdrückt, verschwinden sie aber nicht, sondern finden eine andere Form, sich zu zeigen – zum Beispiel in einem Körpersymptom.
Emotionale Blockaden sind oft einfach gebundene Energie, die wieder ins Fließen gebracht werden kann. Zum Beispiel ist Weinen eine Form, energetisch in Fluss zu kommen – automatisch fühlen wir uns dann wieder ausgeglichener.
Gleiches gilt für körperliche Blockaden: Fast jeder kennt es, wenn man zu lange am Schreibtisch gesessen hat und der Nacken schmerzt. Die Muskulatur verkrampft sich im Schulter-Nacken-Bereich, und im Kopf staut sich die Energie vom vielen Denken. Durch eine Massage oder einen Spaziergang kann sich die Energie wieder automatisch verteilen, und schon geht es uns besser.
Je intensiver aber eine energetische Blockade ist und je länger sie andauert, desto wahrscheinlicher wird es, dass sie sich irgendwann körperlich manifestiert. Die Vermeidung der Auseinandersetzung mit bestimmten, oft alten Emotionen kann krank machen, wobei das Symptom oft sehr viel Aufschluss über die geistigen und emotionalen Ursachen gibt.

Bioenergetik – die Lehre vom körperlichen Energiefluss

Der Psychiater Wilhelm Reich beschrieb diese Zusammenhänge sehr treffend in seiner Lehre der Bioenergetik. Wenn Energie nicht fließen kann und Gefühle zurückgehalten werden, bilden sich Blockaden, seiner Lehre zufolge sogenannte Körperpanzer, und die energetische beziehungsweise emotionale Haltung manifestiert sich körperlich sichtbar.

Zum Beispiel sieht man einem Menschen an, wenn er eine starke seelische Last trägt, er wirkt sehr gedrückt, man erkennt Spannung im Kiefer- und Schulterbereich. Auch an der Stimme und Atmung sieht ein geschultes Auge, wie frei sich jemand ausdrückt.
Durch bestimmte Körper- und Atemübungen kann die Energie wieder ins Fließen gebracht werden, und die Gefühle können selbst nach langer Zeit wieder ins Bewusstsein treten und integriert werden. Neue Lebendigkeit erwacht!

Energie sucht den direktesten Weg

Um auf das Beispiel des Baches zurückzukommen: Das Wasser folgt immer auf dem direkten Weg dem Gefälle, es macht keine Umwege. Genauso möchte auch unsere innere Energie möglichst auf dem direkten Wege dorthin fließen, wo es sich leicht anfühlt. Wenn dies geschieht, sind wir gesund, authentisch und verbunden – unser Leben ist einfach im Fluss.

Praktisch bedeutet dies:

- Wir nehmen unsere wahren Gefühle und Bedürfnisse wahr und drücken sie ganz natürlich aus.
- Wir sagen, was wir denken.
- Wir folgen unserer Wahrheit und Freude.
- Kopf und Herz sind im Einklang.
- Wir stehen uns nicht selbst im Weg.

Das Prinzip des Energieflusses ist ein innerer Instinkt, den wir beachten und in Einklang mit unserem Denken und Handeln bringen dürfen. Muss unsere Energie zu viele Umwege nehmen, haben wir das Gefühl, wir verzetteln oder verlieren uns. Ein kraftvoller, konzentrierter Strom kann viel mehr bewirken als mehrere Rinnsale. Je klarer du bist, desto besser kann die Energie durch dich fließen.
Stell dir vor, du bist ein wunderschönes Gefäß für die pure, sprudelnde Lebensenergie, die durch dich wirken möchte!

Die Grundregeln des Universums

9. Gesetz des Universums

Was wir aussenden, kommt zu uns zurück.
Lasst uns freudig Gutes tun!

10. Gesetz des Universums

Uns geschieht nach unserem Glauben.

11. Gesetz des Universums

Unser Unterbewusstsein ist unser »Magnet« für die Realitätsgestaltung.
Durch bewusste Entwicklung und positive neue Programme kann es uns überall hinbringen.

12. Gesetz des Universums

Energie möchte frei fließen.
Wird sie blockiert, sucht sie sich auf andere Weise ihren Raum und Ausdruck.

13. Gesetz des Universums

Synchronizitäten zeigen dir den Weg.

Synchronizitäten zeigen dir DEN WEG

Je besser unser Energiefluss ist und je authentischer wir ihm folgen, desto eher verläuft unser Leben in den richtigen Bahnen. Wir gelangen mehr und mehr in unsere »optimale Lebensspur« – wir folgen unserer inneren Wahrheit, die uns in Richtung Fülle, Freude und Lebensaufgabe lenken möchte.

Auf diesem Weg erhöhen wir unsere Schwingung und entwickeln eine immer bessere Energie. Gleichzeitig begegnen uns immer mehr Hinweise und Ereignisse, die uns auf unserem Weg führen und bestätigen möchten. Carl Gustav Jung nannte diese vermeintlichen »Zufälle« Synchronizitäten. Etwas im Außen spiegelt plötzlich etwas Inneres – es fühlt sich an wie ein Zeichen des Schicksals. Letztlich ist es auch das Resonanzgesetz, das uns entsprechend unserer Schwingung die passenden äußeren Entsprechungen schickt.
Ein paar Beispiele: Du gehst durch die Stadt, und plötzlich bleibt dein Blick an einer Plakatwand und dem Werbeslogan darauf hängen. Das Produkt, das beworben wird, nimmst du kaum wahr, doch der Satz erreicht direkt dein Herz. Du fühlst dich hellwach und erkennst, dass du genau diese Botschaft in diesem Moment gebraucht hast.

Dir begegnen immer wieder mysteriöse Zahlenkombinationen. Wenn du auf eine digitale Uhr blickst, ist es »zufällig« gerade 22:22, 13:13 oder 4:44 Uhr … Ich habe das Gefühl, dass mir das Universum dadurch zuzwinkert und seine Unterstützung bekräftigt. Vielleicht geht es dir auch so?
Du hast schon länger einen alten Freund nicht mehr gesehen und gehört und überlegst, was die Person wohl gerade macht und ob es ihr gut geht. In genau diesem Moment klingelt dein Telefon, und genau dieser Freund ruft dich an. Welch wunderbare Synchronizität!

Diese äußeren Spiegelungen geben uns im Moment ihres Geschehens das Gefühl, die Zeit stünde still. Als würde das Universum zu uns sprechen!

Synchronizitäten können uns führen, bestätigen und leiten. Achte also in deinem Leben auf diese Zeichen und nimm dir regelmäßig Zeit, um zur Ruhe zu kommen und eine positive Schwingung zu kultivieren. Dann wird sich deine Verbindung mit dem Universum festigen, und diese kostbaren Momente werden weiter zunehmen und dich auf deinem Weg führen, gemäß dem 13. Gesetz des Universums.

Alles ist MIT ALLEM *verbunden*

Abschließend kommen wir zum vielleicht wichtigsten spirituellen Gesetz des Universums. Es besagt, dass wir Menschen alle miteinander verbunden sind. Mehr noch, *alles* Leben ist miteinander verbunden!

Es ist schwierig, dieses Prinzip auf einer rationalen Ebene zu erklären. Aber jenseits unseres menschlichen Ego-Bewusstseins, das Wissenschaft und Beweise liebt, gibt es ein tiefes seelisches Wissen in uns allen, an das es sich zu erinnern gilt.

Unsere Seele weiß, dass wir auf energetischer Ebene alle miteinander verbunden sind. Erinnern wir uns an das Prinzip »Wie innen, so außen«, so wird deutlich, dass wir durch unsere Energie und unser Handeln das große Ganze beeinflussen.

Sind wir liebevoll, tragen wir dazu bei, die Energie der Welt zu verbessern. Wenn wir dagegen anderen wehtun oder uns rücksichtslos verhalten, sind wir auch innerlich nicht mit uns selbst verbunden und in Kontakt mit unserem Herzen. Unsere innere Trennung überträgt sich auf die äußere Welt.

Wenn wir das physikalische Prinzip berücksichtigen, dass sich Energie nicht in nichts auflösen kann, dann ist auch unser inneres Wesen unendlich. Ich kann dir zwar nicht genau erklären, was vor der Geburt geschah oder was passiert, wenn wir sterben, aber ich glaube, dass unsere Energie einfach die Form wechselt.

Im Prinzip kommen wir alle aus der gleichen Quelle und gehen dahin auch irgendwann wieder zurück.

Wir sind nicht nur Menschen, die das Spiel des Lebens spielen. Wir sind gleichzeitig Energiewesen, die vorübergehend eine menschliche Erfahrung machen. Als Menschen und Energiewesen befinden wir uns in unterschiedlichen Schwingungsfrequenzen – und die höchste Frequenz ist Liebe und universelle Verbundenheit.

Vielleicht ist es der größte Clou im Spiel des Lebens, dass wir vergessen, in Wahrheit alle miteinander auf energetischer Ebene verbunden zu sein.

Die tückische Herausforderung, mit der wir in diesem Spiel konfrontiert sind, ist das Ego-Bewusstsein.

Das Ego ist letztlich eine menschliche Illusion und glaubt, dass wir voneinander getrennte Wesen seien. Es enthält individuelle alte Konditionierungen und hat sich aufgrund unserer frühen Erfahrungen als Schutzinstanz in uns gebildet. Beispielsweise möchte jemand, der sich sehr ehrgeizig und egoistisch verhält, vielleicht letztlich auch nur Anerkennung und Liebe erhalten und den Schmerz vermeiden, den er als Kind erfahren hat, wenn er versagte. Das Ego-Bewusstsein sorgt aber leider dafür, dass Menschen miteinander konkurrieren, gegeneinan-

der kämpfen, sich bekriegen. Das Ego ist letztlich verantwortlich dafür, dass wir die Umwelt ausbeuten und sich ganze Nationen im Krieg befinden.
Ein Leben im Einklang mit den Gesetzen des Universums bedeutet, sich seiner universalen Verbundenheit bewusst zu werden und – zumindest ein Stück weit – das Ego zu überwinden und als Illusion zu entlarven. Wenn wir als Individuen innerlich heilen und wachsen, wächst auch das menschliche kollektive Bewusstsein, und als Konsequenz davon werden wir die Welt und alles Leben darin wertschätzender und achtsamer behandeln.
Indem wir das Resonanzgesetz beachten und das Licht in jedem von uns erkennen, können wir diese Welt zu einem besseren Ort machen. Denn wir wissen, dass wir alle aus der gleichen Quelle kommen und somit unsere Schöpfungen und deren Konsequenzen uns alle betreffen.

Die Grundregeln des Universums

14. Gesetz des Universums
Alles ist mit allem verbunden.
Wir sind Teil des großen Ganzen.

Die Grundlage für *bewusste* ANZIEHUNG

Bevor wir beginnen, unser Leben ganz bewusst im Einklang mit dem Gesetz der Resonanz zu gestalten, dürfen wir erst mal ein wenig aufräumen. Bildlich gesprochen arbeitet es sich einfach leichter an einem aufgeräumten Schreibtisch, wenn wir ein neues Projekt beginnen. Unsere Energie fließt freier und steht uns vollständig zur Verfügung.

Ich möchte dich mit einem freundlichen Augenzwinkern daran erinnern, wie wichtig dieser Schritt ist. Denn ich beobachte oft, wie Menschen einfach schnell das schöne Ergebnis haben wollen, das ihnen versprochen wird – ohne den Weg dahin zu berücksichtigen. Doch gehört meines Erachtens erst ein gesunder Teil innere Arbeit zu diesem Prozess, bevor sich im Außen die gewünschte Veränderung manifestieren kann. Wenn wir unser Leben mit neuen erwünschten Inhalten füllen wollen, müssen wir erst einmal gründlich all das ausräumen, was uns nicht mehr dient. Dann erst haben wir in jeder Hinsicht Platz für das, was wir *wirklich* wollen.
Ich verspreche dir, dass sich diese Mühe lohnt und dass dich dieser Prozess mit wunderbarer Leichtigkeit erfüllen wird!

Lass uns also jetzt erst einmal auf jeder Ebene gründlich Ordnung schaffen.

1. Schritt: Emotionale Heilung als Schlüssel

Beginnen wir mit dem Aufräumen auf emotionaler Ebene, denn diese ist besonders wichtig. Ich habe den Eindruck, dass die meisten Menschen unbewusst einen Rucksack voller ungefühlter Emotionen mit sich herumschleppen. Solange dieser nicht ausgepackt und sortiert wird, verhindert dieser Ballast ganz häufig das Potenzial an Leichtigkeit und Freude, das uns allen offensteht.

Je größer der Rucksack, desto mehr zieht er uns herunter, blockiert unseren Energiefluss und hält uns in der Vergangenheit fest. Wir können ihn aber neugierig auspacken und uns seinen Inhalt bewusst machen. Vermeiden wir das, wird der Rucksack weiterhin an uns kleben – denn alles, was wir an uns selbst nicht annehmen, bleibt hartnäckig bestehen.

Der Rucksack wird immer leichter, wenn du deine Gefühle bewusst spürst. Damit meine ich vor allem jene, die du vielleicht bislang unter den Teppich gekehrt hast – möglicherweise alte Traurigkeit, Wut, die du dir nie erlaubt hast, oder Angst, die du nicht haben wolltest.

Stell dir diese alten Emotionen wie Ballast vor, der energetisch an dir hängt, solange du ihn nicht mit Bewusstsein füllst. Wenn du dich ganz freundlich und achtsam diesen Emotionen öffnest und sie bejahend fühlst, ohne sie zu bewerten, werden sie sich transformieren und dir neue Energie schenken.

Vertraue dabei einfach auf das Leben, denn das Resonanzgesetz wird dir immer genau die Themen präsentieren, die gerade dran sind und integriert werden möchten. Mit wachsender innerer und äußerer Sicherheit wird dir immer mehr Unbewusstes bewusst werden.

Bewusstes Fühlen lernen

Gefühle machen oft durch Körperempfindungen auf sich aufmerksam. Ein Kloß im Hals, ein sich zusammenziehender Magen, ängstliches Herzklopfen, aber auch das freudige Empfinden von Schmetterlingen im Bauch geben bei genauem Nachspüren meist Hinweise auf Emotionen. Jetzt sagt es sich natürlich leicht, dass man diese einfach bejahend fühlen solle – nicht immer ist es so leicht, sich seinen Gefühlen zu stellen. Schmerzhafte, alte Gefühle beispielsweise haben wir nicht grundlos in unseren Rucksack gepackt, denn bislang fehlte uns die innere und äußere Sicherheit, die wir zu ihrer Wahrnehmung brauchen. Deshalb ist es wichtig, dass du ein wachsendes Bewusstsein für deine Ressourcen entwickelst, für alles, was dir Kraft gibt und dich stärkt.

Spüre bewusst mit deinem ganzen Körper, wie gut es sich anfühlt, wenn du Zeit mit geliebten Menschen verbringst, wie der Boden dich trägt, wie du Kraft im Bauch und Liebe im Herzen wahrnimmst. Auf dieser Basis wird es dir leichter fallen, dich auch unangenehmen Gefühlen zu stellen. Suche dir bei Bedarf psychotherapeutische Hilfe!

Gefühle willkommen heißen
DAS EINFACHSTE REZEPT

Praxisanleitung

- Wann immer du emotional etwas in dir wahrnimmst – sei es angenehm oder unangenehm –, nimm einen tiefen Atemzug und heiße das Gefühl innerlich willkommen. Versuche, es nicht zu blockieren, indem du zum Beispiel flach atmest, sondern lenke deinen Atem bewusst dorthin, wo du es im Körper spürst oder vermutest.

- Dazu ist es hilfreich, deine Füße fest auf den Boden zu stellen, einen Moment die Augen zu schließen und nachzuspüren, ob sich ein Körperbereich verspannt oder eng anfühlt.

- Atme und nimm, so gut es geht, an, was da gerade ist. Das ist schon alles.

Die volle Bandbreite deiner Gefühle zu empfinden wird dir helfen, dich vollständiger und lebendiger zu fühlen.

Es gibt zahllose Techniken, Wege und Methoden, mit Gefühlen umzugehen, und viele davon versuchen, deine Emotionen zu löschen, zu managen oder zu überschreiben. Aber warum? Dich deinen Gefühlen, so, wie sie sind, ehrlich zu stellen ist viel authentischer, effektiver und menschlicher.
Natürlich kannst du auch mit jemandem zusammen an deinen Themen arbeiten, das ist oft ganz hilfreich. Denn wenn du eine liebevolle Unterstützung hast, wird es leichter, dich diesen Seiten in dir zu widmen.
Je mehr es dir gelingt, bislang ungefühlte Gefühle zu bejahen, desto mehr wirst du eine Erleichterung verspüren. Möglicherweise erkennst du auch, dass jedes Gefühl einen Grund und eine Berechtigung hatte.

Vorsicht, Falle! Warum Denken allein nicht heilt

Ganz wichtig ist mir an dieser Stelle die Unterscheidung zwischen rationaler und emotionaler Ebene. Das Verstehen und Analysieren unbewusster Gefühle und Muster allein heilt diese nämlich nicht! Und das ist der Grund:
Auf physischer Ebene werden viele unbewusste Reaktionen vom limbischen System gesteuert. Diese Funktionseinheit des Gehirns hat alle intensiven emotionalen Erfahrungen gespeichert und reagiert auf gefühlte Bedrohungen instinktiv durch Kampf-, Flucht- oder Erstarrungsmechanismen. Diese gehen einher mit Gefühlen von Wut, Angst und gebundener Anspannung.

»Wir denken zu viel
und fühlen zu wenig.«

Charlie Chaplin

Unser bewusster Verstand hingegen ist dem Großhirn, dem Neocortex, zugeordnet, der gerne versucht, die Kontrolle über alle diese Gefühle zu behalten. Dabei ist er allerdings nicht immer erfolgreich, denn wenn das limbische System aufgrund alter Erfahrungen reagiert, kann dies sehr intensiv sein.
Im Zweifel hat das limbische System die Oberhand, und es ist wichtig zu verstehen, dass es uns durch seine Signale eigentlich nur schützen möchte. Wenn du zum Beispiel in einer Situation als Erwachsener mit Angst reagierst, obwohl objektiv gesehen keine Gefahr besteht, dann sei liebevoll zu dir! Wahrscheinlich gab es früher in deinem Leben entsprechende Ursachen dafür, und dein Körper reagiert heute nur auf getriggerte Erinnerungen.
Wir dürfen versuchen, unser Denken für unsere Gefühle einzusetzen, nicht dagegen.
Damit das gelingt, ist es wichtig, eine neue Sicherheit zu gewinnen, körperlich zum Beispiel durch die Wahrnehmung von Halt, emotional durch menschliche Unterstützung. Auf dieser Basis können bislang unverarbeitete Gefühle und Anspannung gefühlt und angenommen werden, erst dann geschieht Transformation, und es entsteht Platz für Neues. Idealerweise gehen Verstand und Gefühl Hand in Hand, und jeder kann lernen, sie in Einklang zu bringen. Seine Gefühle und Muster zu verstehen ist wichtig, aber noch wichtiger ist es, einfach zu fühlen, was gefühlt werden möchte.

Jessica

Sie war jung und beruflich erfolgreich, aber trotzdem nicht wirklich glücklich. Ihre Liebesbeziehung bereitete ihr Probleme. Obwohl ihr Partner und sie sich sehr liebten, gab es immer wieder Auseinandersetzungen und regelrechte Dramen. Sie hatte dann das schmerzhafte Gefühl, nicht gesehen zu werden oder zu viel Verantwortung tragen zu müssen und empfand tiefe seelische Not.
Glücklicherweise waren sowohl sie als auch ihr Partner dazu bereit, an sich zu arbeiten. Durch bewusste Auseinandersetzung mit ihren Gefühlen erkannte Jessica, dass es sich um alte, unbewusste Emotionen aus ihrer Kindheit handelte, die sie aus Angst verdrängt hatte und die nun geheilt werden wollten. Ihr heutiger Partner war einfach der Spiegel, der ihr dies im Hier und Jetzt verdeutlichte.
Jessicas Gefühle kamen in einem liebevollen therapeutischen Rahmen Stück für Stück ans Licht – und somit ins Bewusstsein. Im Gegensatz zu früher erfuhr sie nun einen Halt, der ihr Sicherheit gab, sodass sie den alten Schmerz ganz fühlen konnte. Dadurch kam die darunterliegende Kraft immer mehr ins Fließen.
Jessica fühlte sich befreiter, und ihre Beziehung bekam langsam eine neue Dynamik. Durch die emotionale Arbeit hatte sie unbewusste Blockaden ein gutes Stück weit aufgelöst und konnte sich nun viel bewusster auf das ausrichten, was sie wirklich wollte.

2. Schritt: Meditation zum Auftanken

Der zweite Schritt, um eine Grundlage für bewusste Anziehung zu schaffen, besteht in regelmäßiger Meditation. Wenn wir zur Ruhe kommen, verbinden wir uns mit uns selbst und gleichzeitig mit dem Universum. Dies ist wie eine energetische Tankstelle, die wir alle aufsuchen können, um uns aufzuladen.
Allerdings haben viele Menschen am Anfang Schwierigkeiten, wenn sie zur Ruhe kommen wollen, oder sie fühlen sich sogar richtig unwohl in der Stille. Wenn es dir auch so geht, mach dir keine Sorgen, das geht vorüber!

Durch Bewegung »runterkommen«

In der Meditation richten wir den Blick nach innen und nehmen dadurch auch wahr, was wir nicht fühlen, solange wir im Außen beschäftigt sind. Job, Familie und diverse Hamsterräder bewirken, dass viele Menschen sich in einem wahren Durchhaltemodus befinden und dann in ruhigen Momenten – statt himmlischen Einsseins – vor allem Gedanken darüber wahrnehmen, was noch alles zu tun ist! Oder sie spüren erst einmal, dass der Rücken schmerzt und es hier und da zwickt. Stilles Sitzen ist für Meditationsanfänger deshalb oft eine echte Herausforderung!
Ich empfehle daher immer gern, sich erst einmal körperlich zu betätigen, bevor man meditiert. Vielleicht magst du eine Runde im Wald joggen oder walken gehen und dich dann anschließend auf eine Bank setzen und die Augen schließen. Oder du machst erst mal ein Yoga-Workout, das dich körperlich in Harmonie und Balance bringen wird. Oder du tanzt eine Runde zu lauter Musik im Wohnzimmer, wenn dir danach ist. Alles ist möglich!
Es geht darum, dass du mit deinem Bewusstsein vom Kopf ganz in deinen Körper hinein »rutschst«. Der indische Mystiker Osho hat dazu eine Reihe von körperorientierten Meditationsformen entwickelt, die Bewegung, Tanz und Stille einschließen. Diese kann ich dir auch sehr empfehlen (siehe Seite 156).
Wichtig ist, dass du eine Form findest, zur Ruhe zu kommen, die sich für dich gut und stimmig anfühlt.
Vielleicht magst du dazu auch einen Kurs über Achtsamkeit oder autogenes Training besuchen. Probiere einfach aus, was für dich passt.

»Verbringe
JEDEN TAG
einige Zeit
mit dir
selbst.«

Tenzin Gyatso,
Dalai Lama

Praxisanleitung

- In dieser Meditation sitzt du am besten aufrecht, damit du wach und präsent bleibst. Das kann auf einem Stuhl sein oder auf einem Sitzkissen am Boden im Schneidersitz.

- Spüre die Sitzfläche und den Boden unter dir. Nimm das Ein und Aus deines Atems wahr, ohne ihn verändern zu wollen.

- Verbinde dich innerlich mit oben, wenn du magst, mit Gott, dem Universum oder wie du es nennen möchtest. Bitte um Führung und Schutz.

- Dann beobachtest du einfach und nimmst dich von innen wahr – mit allem, was gerade ist: sinnliche Wahrnehmungen, Gedanken, Gefühle, Empfindungen … Versuche nicht, etwas zu verändern. Versuche auch, nichts zu bewerten.

- Wenn du merkst, dass du gedanklich an etwas haften bleibst, lass es los. Alles darf auftauchen – und weiterziehen. Kehre zur Wahrnehmung deines Atems und zum reinen Beobachten zurück.

- Strecke und recke dich abschließend, nimm einen tiefen Atemzug und öffne in deinem eigenen Tempo die Augen. Gib dir Zeit, wieder im Hier und Jetzt anzukommen.

Meditation ist praktisch das Gegenteil von Machen. Es ist ein rezeptiver Seinszustand, in dem du dich spürst und innere Führung erhalten kannst. Das Universum möchte mit uns sprechen, und in der Meditation können wir ihm zuhören.

Am besten entwickelst du eine tägliche Routine und nimmst dir mindestens 15 Minuten Zeit fürs Meditieren. Du wirst dich innerlich klarer und verbundener fühlen und eine bessere Wahrnehmung von dir, von anderen Menschen und auch vom Leben ganz allgemein haben.

3. Schritt: Hinderliches loslassen

Im dritten Schritt auf dem Weg zu bewusster Anziehung ist es ganz wichtig, dass du all das loslässt, was dir nicht mehr dient. Stell dir einen Baum vor, der im Herbst seine Blätter abwirft, um im Frühjahr neu zu blühen. Genauso dürfen wir uns regelmäßig von Altem trennen, um Platz für Neues zu schaffen.
Das Loslassen bezieht sich idealerweise auf beide Ebenen – auf die nicht materielle und die materielle. Beides gehört ja auch zusammen.

Loslassen auf materieller Ebene

Wenn wir das Leben aus einer höheren Perspektive als Spiel betrachten, werden alle schönen materiellen Dinge gleichsam zum Spielzeug. Haben wir aber zu viel davon, wissen wir gar nicht mehr, was von alldem uns wirklich richtig Spaß macht.
Stell dir einen Kleiderschrank vor, der mit allen möglichen Dingen vollgestopft ist. Einzelne schöne Kleider erkennst du gar nicht mehr auf den ersten Blick. Ein gut sortierter Kleiderschrank mit aktueller Garderobe hingegen schenkt dir ein gutes Gefühl und die Möglichkeit, dir täglich schnell und passend ein schönes Outfit auszusuchen. Weniger ist in dem Fall mehr! Wir sind ganz im Hier und Jetzt, ohne dass unsere Energie durch alle möglichen alten Kleider abgelenkt wird.
Ich glaube, dass wir uns umso freier und bewusster fühlen, je weniger materielle Dinge wir um uns herum angesammelt haben. Was wir dann aktuell besitzen, bekommt viel mehr Wert, und wir können es so richtig genießen! Schöne Accessoires im Spiel des Lebens wie ein chices Kleid oder ein flottes neues Auto können dann viel mehr Freude machen und neuen Schwung ins Leben bringen.
Dagegen wirkt ein voll gestellter Keller mit viel altem Gerümpel wie eine Bremse. Er ist gewissermaßen das Äquivalent zum Keller des Unterbewusstseins, dessen Inhalte ans Licht kommen wollen. Je mehr ans Licht kommt und losgelassen wird, desto freier fühlen wir uns – auf beiden Ebenen!

Festhalten aus Sicherheitsbedürfnis

Paradoxerweise haben viele Menschen ein Bedürfnis, sich durch Anhäufen materieller Dinge sicherer zu fühlen. Aber am Ende unseres Lebens können wir nichts von dieser vermeintlichen Sicherheit mitnehmen!
Dies schlägt die Brücke zur emotionalen Ebene: Das Bedürfnis, Dinge anzuhäufen und festzuhalten, hat oft mit Angst zu tun oder dem Gefühl von Mangel, das mit äußeren Dingen kompensiert werden soll. Kurzfristig geben all diese Sachen vielleicht ein gutes Gefühl, langfristig jedoch keine Erfüllung. Auch nicht, wenn immer mehr und mehr angehäuft wird!

Nichts Äußeres kann jemals deinen inneren Hunger befriedigen.

Deine Seele hat ein anderes Bedürfnis als deine Persönlichkeit.
Stell dir vor, ein Kind sagt: »Ich will spielen!« Und es bekommt die Antwort: »Hier hast du etwas zu essen.« Das eigentliche Bedürfnis des Kindes wird durch das Essen nicht befriedigt, es ist eine Ersatzhandlung! Das Kind will immer noch spielen …

Frage dich, was sich dein Herz *wirklich* **wünscht, denn nur ein inneres Gefühl von Fülle und Erfüllung wird dich seelisch satt und zufrieden machen.**

Im Verlauf des Buches werde ich dir zeigen, wie du herausfindest, was das sein könnte.

Bring dich auf den neuesten Stand

Loslassen ist ein Prozess, der zum Leben gehört. Genauso, wie die Bäume jährlich ihre Blätter abwerfen, ist auch für uns Menschen ein regelmäßiges Loslass-Ritual sinnvoll. Denn dann sind wir energetisch auf dem neuesten Stand, fühlen uns leicht und können nun mit voller Kraft und klarem Bewusstsein manifestieren!

Während ich diese Zeilen schreibe, durchlebe ich gerade selbst so eine Phase. Vor ein paar Wochen bin ich umgezogen und habe im Zuge dessen vieles aussortiert, was ich nicht mehr brauche, und dadurch Platz für Neues geschaffen. Gleichzeitig verändert sich mein Leben gerade auf persönlicher Ebene.
Ich muss schmunzeln, denn es fühlt sich so an, als ob das Universum mir gerade zur rechten Zeit diese Veränderung geschickt hat – zeitgleich mit der Aufgabe, dieses Buch zu schreiben!
Ich empfehle auch dir, dich einmal im Jahr bewusst von allem zu trennen, was nicht mehr zu dir passt. Lass los, was du nicht mehr wirklich brauchst und bist.

- Mach eine kleine Detox-Kur, um deinen Körper zu reinigen.
- Schau in deinen Kleiderschrank und gib weg, was du im letzten Jahr nicht mehr getragen hast.
- Entrümpele deinen Keller, denn vieles davon brauchst du garantiert nicht mehr.
- Nimm dein Leben, die Menschen darin und natürlich dich selbst genau unter die Lupe.

Frage dich bei allem:
»Wo verspüre ich noch Resonanz? Was fühlt sich leicht und richtig an?«

Alles was hier nicht mehr passt, darfst du guten Gewissens gehen lassen! Denn das Universum hat etwas Neues für dich geplant!

Alte Muster loslassen

In alten Mustern sind oft verdrängte Gefühle gebunden. Weiter oben habe ich über die Bedeutung von emotionaler Heilung geschrieben. Werden Gefühle bewusst gemacht, können sie heilen und losgelassen werden.
Was nicht angenommen wird, kann auch nicht losgelassen werden. Alles, wogegen wir uns innerlich wehren, klebt an uns wie Kaugummi. Erst durch Annahme und Erkenntnis geschieht eine heilsame Transformation.

Alte Muster zu erkennen und sich bewusst zu machen, wie sie unser Leben bestimmen, ist wie ein Aha-Erlebnis.

Wir müssen erst etwas annehmen, um es dann loslassen zu können.

Linda

Linda war Ende zwanzig, sehr hübsch und hatte kein Problem damit, die Aufmerksamkeit von Männern auf sich zu ziehen. Allerdings gelang es ihr nicht, in Beziehungen dauerhaft die Zuneigung ihres Partners zu erhalten. Stattdessen wurde sie immer wieder verlassen – oft auch noch für eine andere Frau!
Sie litt sehr unter diesem Schmerz und dem Gefühl des Ungeliebtseins. In Gesprächen mit einem Therapeuten begriff sie, dass sich in ihrem heutigen Beziehungsleben die Erfahrung ihrer Kindheit wiederholte. Sie war nämlich schon sehr viel früher verlassen worden: von ihrem Vater, der ihre Familie im Stich gelassen und sich eine neue Frau gesucht hatte. Jetzt erkannte sie das Muster in ihrem Leben und die unerlösten alten Gefühle.
Selbstliebe und Selbstfürsorge sind nun sehr hilfreich für die junge Frau, um persönlich zu wachsen und und sich von der Liebe eines Mannes unabhängiger zu machen.

Praxisanleitung

- Erkenne deine Muster. Überlege einfach, was dir immer wieder passiert und vielleicht Kopfzerbrechen bereitet. Schreibe es auf.

- Gehe auf Ursachenforschung. Vieles, was dir zum Beispiel in Begegnungen mit dem anderen Geschlecht passiert, hat seinen Ursprung in deiner frühen Beziehung zu deinen Eltern. Schreibe auch dazu deine Gedanken auf.

- Fühle, was mit diesem Thema verbunden ist. Widme der Beschäftigung mit diesem Gefühl täglich ein paar Minuten. Atme tief ein und heiße willkommen, was auch immer gerade da ist. Umarme deine Gefühle, dann werden sie dich bereichern.

- Übe gesunde Selbstfürsorge. Versprich dir, die Verantwortung für dich, deine Muster, Gefühle und Zukunftswünsche zu übernehmen. Erwarte dies nicht von jemand anderem, denn das hält dich nur unnötig auf.

- Bring das Muster und den damit verbundenen Glauben in einem Satz auf den Punkt. Im Falle von Linda würde das in etwa so aussehen: »Ich bin es nicht wert, dass man bei mir bleibt, und deshalb werde ich verlassen.«

- Kehre den Satz um. In Lindas Fall könnte das lauten: »Ich bin wertvoll. Ich bin bei mir – komme, was wolle.«

- Arbeite täglich mit deinem neuen Satz als Affirmation (siehe Seite 119). Sprich ihn wiederholt aus, schreibe ihn in dein Tagebuch – lass ihn gleichsam zu deinem Mantra werden. Das ist es, was dich dein Muster lehren will!

4. Schritt: Den Fokus bewusst wählen

Wenn du dich von altem Ballast befreit hast, wirst du dich erleichtert fühlen und im vierten Schritt klarer spüren, wo es dich hinzieht. Jetzt ist es an der Zeit, bewusst deinen Fokus zu wählen. Es liegt nämlich in unserer eigenen Hand, worauf wir unseren Fokus im Leben richten. Wir entscheiden selbst, was unsere Aufmerksamkeit bekommt.
Mach dir klar, dass deine Energie etwas sehr Kostbares ist, das du nur wirklich wichtigen Dingen widmen solltest.

Dein Fokus ist praktisch dein innerer Brennpunkt, der konzentriert nach außen strahlt. Dem Resonanzgesetz gemäß ziehst du mehr von den Inhalten, Zielen und Qualitäten in dein Leben, die deinem Fokus entsprechen.

Dabei lege ich dir ans Herz, dich immer auch auf die folgenden Qualitäten auszurichten. Das wird deinen persönlichen Fokus stärken.

Richte deinen Fokus auf Fülle

Mit einem Bewusstsein von Fülle siehst du ein Glas stets als halb voll, niemals als halb leer an. Du bist dankbar für all das, was du hast, und ziehst dadurch mehr von dem an, was du willst.
Deine Konzentration liegt auf den positiven Aspekten des Lebens wie Freude, Gesundheit, Verbindung mit anderen Menschen und Erfolg im Sinne des großen Ganzen. Du handelst eigenverantwortlich, denn auch die Fülle deiner eigenen Kraft ist dir bewusst.

Richte deinen Fokus auf Authentizität

Wenn dein Fokus auf Authentizität liegt, zeigst du dich der Welt, wie du bist.
Dadurch ziehst du Menschen an, die dir ähnlich sind, und lädst sie ein, sich ebenfalls authentisch zu zeigen.
Das bedeutet, dich nicht länger so zu verhalten, wie andere es vielleicht erwarten, sondern wie es eben deiner Wahrheit entspricht. Dein inneres Strahlen wird dadurch entfacht.

»Das Geheimnis des Glücks
liegt im Geben.
Wer andere glücklich macht,
wird glücklich.«

André Gide

Richte deinen Fokus aufs Dienen

Konzentriere dich darauf, was du der Welt zu geben hast. Denn wie jeder Mensch bist du aus einem bestimmten Grund hier und kannst etwas in die Welt bringen, das nur dir auf diese Weise möglich ist.
Durch deinen Fokus aufs Dienen kommt dein Leben wunderbar in Fluss, denn du findest immer mehr deine Bestimmung.
Halte dich und deine Talente nicht zurück, denn die Welt braucht dich und das, was du zu geben hast. Dein Fokus aufs Dienen ist das beste Rezept für tiefes Glück im Einklang mit dem großen Ganzen.

Richte deinen Fokus auf Liebe

Wenn du deinen Fokus auf Liebe richtest, lebst du aus dem Herzen heraus.
Liebe ist die Kraft im Leben, die uns alle verbindet. Liebe hat eine größere Weisheit als der Verstand und Liebe bewertet nicht.
Wenn du dich täglich mit deinem Herzen und der Qualität der Liebe verbindest, lebst du wahrhaftiger, erfüllter und liebevoller.

Richte deinen Fokus auf Vertrauen

Fokussiere dich außerdem auf Vertrauen. Du kannst dir ganz sicher sein, dass das Universum es gut mit dir meint und stets das Beste für dich im Sinn hat.
Wenn du dich täglich in Vertrauen übst, wirst du die Zeichen klarer erkennen, die das Leben und deine innere Führung dir schicken.
Vertraue vor allem dir selbst, denn du hast allen Grund dazu!

Mit diesen fünf Qualitäten im Gepäck wirst du nicht nur klarer spüren, wo dein persönlicher Fokus liegt, sondern du bekommst auch die nötige Energie, um diesen zu halten.

Im zweiten Teil dieses Buches werde ich dir helfen, aufgrund deiner persönlichen Geschichte herauszufinden, was du wirklich willst.

5. Schritt: Auf Empfang gehen

Der fünfte Schritt zur Vorbereitung auf die erfolgreiche Anwendung des Resonanzgesetzes besteht darin, sich im freudigen Empfangen zu üben. Denn schließlich wollen wir all das Gute, das wir erhoffen, auch von ganzem Herzen willkommen heißen und in unser Leben integrieren!
Na klar, magst du jetzt vielleicht denken, kein Problem! Doch meiner Beobachtung nach kön-

nen viele Menschen nicht so gut empfangen, wie sie geben können – vor allem Frauen.

Wie reagierst du zum Beispiel, wenn dir jemand ein Kompliment macht? Sagst du ganz entspannt »danke« und lässt es so richtig in dich hinein und in dir wirken? Oder relativierst du es schnell, gibst es zurück oder weichst dem Gefühl der Ehrung aus?

Oder was macht es mit dir, wenn du ein richtig wertvolles Geschenk bekommst, das beweist, dass sich jemand ernsthaft Gedanken darüber gemacht hat, was dir gefallen könnte? Sicher freust du dich, aber kannst du die »Wert-Schätzung« gut annehmen, ohne dir direkt zu überlegen, wie du dich revanchieren kannst?

Viele Menschen sagen dann: »Wie lieb, aber das wäre doch nicht nötig gewesen!« Oder: »Bist du verrückt, so viel Geld auszugeben?«

Sei es dir wert, all das Gute anzunehmen, das zu dir kommen möchte, denn du hast es voll und ganz verdient!

Annehmen können ist eine weibliche Qualität, die heutzutage oft zu kurz kommt. Denn hier im Westen sind wir meist eher männlich orientiert und auch als Frauen oft gute »Macher«.

Für dein Glück ist es ganz wichtig, dass du deine innere weibliche Fähigkeit des Annehmens und Empfangens genauso zelebrierst wie die des aktiven Gebens.

Stell dir vor, du liegst ganz entspannt am Strand in der Sonne. Du musst nichts tun, damit die Sonne dich bescheint – das macht sie ganz von selbst. Genauso möchte dir das Universum alles schenken, was du dir wünschst – du brauchst aber eine entspannte Empfangshaltung!

WAS WILLST DU WIRKLICH?

Erkenne deine WÜNSCHE

Nach der nötigen Vorbereitung auf die Arbeit mit dem Resonanzgesetz geht es nun um den nächsten entscheidenden Schritt – nämlich darum, herauszufinden, was du wirklich willst und was dich auf einer tiefen Ebene glücklich macht. Verschiebe diesen Schritt keinesfalls auf später!

Denn innere Klarheit über deine Herzenswünsche macht es erst möglich, dass sie sich im Außen manifestieren. Je genauer du weißt, was du willst, desto wahrscheinlicher ist es, dass du genau das bekommst.

Im Restaurant des Lebens

Das Ganze lässt sich stark vereinfacht mit einem Restaurantbesuch vergleichen. Nachdem wir Platz genommen haben, wird uns die Speisekarte gebracht, und wir haben die Gelegenheit, uns auszusuchen, was wir essen möchten. Je besser wir unsere Vorlieben und unseren Geschmack kennen, desto eher erkennen wir auf der Karte, was uns anspricht.
Dann kommt der Kellner, und wir geben unsere Bestellung auf, gerne noch mit Details wie »Den Salat bitte vorab« und »Das Steak bitte medium gebraten« oder »Könnte ich bitte noch eine Extraportion Kräuterbutter haben?«. Sicherlich berät uns der Kellner auch freundlich hinsichtlich des passenden Weines und der Empfehlungen des Hauses.
Je klarer wir aussprechen, was wir uns wünschen, desto präziser wird das Ergebnis unseren Vorstellungen entsprechen. Wenn wir hingegen selbst nicht genau spüren, worauf wir gerade Lust und Hunger haben, und einfach irgendetwas bestellen, steigt die Wahrscheinlichkeit, dass wir mit dem Resultat nicht so glücklich sind – dass uns also das Essen nicht schmeckt.
Entscheiden wir nicht selbst, wird für uns entschieden!

Nimm dir deshalb am besten heute noch Zeit, um deine Intuition zu befragen.

Sie freut sich, wenn du ihr zuhörst, und weiß genau, was dich »ruft«. Auf den nächsten Seiten begleite ich dich dabei, deiner inneren Sehnsucht auf die Spur zu kommen.

»Jeder Tag,
an dem du nicht lächelst,
ist ein verlorener Tag.«

Charlie Chaplin

Das Meer der Wünsche

Es gibt natürlich ein unglaublich großes Meer an Wünschen. Darin liegen meist verschiedene Bedürfnisse verborgen, deren Kenntnis dich auf deinem Weg mit Klarheit erfüllen wird.
Bestimmte Wünsche haben wir alle gemeinsam. Da ist der Wunsch nach Partnerschaft, nach Wohlbefinden sowie nach Zugehörigkeit und Sinn. Da sind Wünsche nach Lebendigkeit, Lebensfreude, Entfaltung und Erfolg. Da gibt es das Bedürfnis nach finanzieller Freiheit und Wohlstand und den Wunsch nach Familie und einem sicheren Nest.
Es gibt bescheidene Wünscher, die sich mit relativ wenig zufriedengeben, und extravagante, die vom größten Luxus träumen. Keiner ist besser oder schlechter als ein anderer!
Manch einsame Seele hat den Wunsch, endlich die große Liebe zu finden, und ein Erkrankter wünscht sich vielleicht einfach, wieder richtig gesund zu werden, um das Leben endlich voll auskosten zu können.
Es gibt kurzfristige Wünsche, zum Beispiel den, dass ein berufliche Präsentation gut gelingen möge, und es gibt langfristige Wünsche mit Zukunftsplanung, zum Beispiel heiraten und eine Familie gründen zu wollen.
Und es gibt Wünsche, deren Erfüllung dich kurzfristig glücklich macht wie eine erfolgreiche Shoppingtour, und es gibt solche, deren schrittweise Erfüllung deine Seele langfristig nähren wird.
Lass uns mal diese ganze Wunschpalette ein wenig sortieren!

Was ruft dich innerlich?

Meiner Beobachtung nach sind viele Menschen unnötig unglücklich, weil sie gar nicht wissen, was sie eigentlich wollen. Zahlreiche Hamsterräder beruflicher und privater Natur sorgen dafür, dass viele von uns ständig äußerlich beschäftigt sind, sich dabei jedoch innerlich zunehmend leer fühlen.

Die wichtigen Fragen – zum Beispiel »Was will ich wirklich, was macht mich glücklich im Leben?« – wollen aber am besten frühzeitig beantwortet werden. Dann hält das Leben so viel Freude bereit! Finde heraus, was dich innerlich ruft, und mach dich auf den Weg – jeder Tag ist ein Geschenk!

Wünsche DES EGOS *und der Seele*

Ich glaube, dass alle Wünsche und Bedürfnisse irgendwo ihre Geschichte und Berechtigung haben. Wichtig ist einfach, beides genau zu kennen und auf die richtige Weise zu beantworten.

Wünsche der Persönlichkeit

Auf der Persönlichkeitsebene will sich jeder Mensch frei entfalten und zum Ausdruck bringen. Dazu gehören alle Aspekte des Menschseins wie Beziehungen, Sexualität, Potenzialentfaltung, Kreativität, berufliche Erfüllung, Anerkennung, Wohlstand. Das ist alles wunderbar in Ordnung.

Wünsche der Seele

Aus einer übergeordneten Perspektive gibt es noch tiefere Wünsche. Denn wie schon im ersten Teil des Buches angesprochen, ist alles materielle Glück vorübergehender Natur. Und genauso, wie menschliche und materielle Bedürfnisse eine bestimmte Energiequalität haben, wohnt auch spirituellen Wünschen eine bestimmte Schwingungsfrequenz inne, eine Art unbewusstes und tiefes Wissen.
Vielleicht kannst du es dir mit deinem Tagesbewusstsein und deiner Biografie nicht erklären, aber du fühlst dich unheimlich stark in eine bestimmte Richtung gezogen, spürst eine starke innere Sehnsucht oder den Wunsch, etwas unbedingt tun zu müssen in diesem Leben.

Dies sind Wünsche der Seele – und ihnen wohnt eine besonders intensive Energie inne!

Deine Seele kennt aus ihrer höheren Perspektive die Aufgabe, die du dir für dieses Leben vorgenommen hast, und lenkt dich in Richtung ihrer Verwirklichung, oft mithilfe starker Gefühle, Wünsche und Erfahrungen.
Zum Beispiel:

- »Ich möchte in meinem Leben meine Bestimmung leben. Ich spüre das starke Bedürfnis, mich im Bereich XY einzusetzen.«

Herzenswünsche

Wünsche des Herzens bilden die Schnittmenge von Wünschen der Persönlichkeit und der Seele. Die Erfüllung von Herzenswünschen macht dich auf einer tiefen Ebene glücklich und bringt dich in Einklang. Sie erfüllt menschliche Bedürfnisse im Einklang mit deiner Seele!
Zum Beispiel:

- »Ich möchte mit meinem Mann in einem schönen Häuschen im Grünen leben. Ich spüre, dass wir beide dort sehr glücklich sein werden.«

Einfache Grundregel: Das Universum unterstützt besonders Wünsche, die reinen Herzens ausgesprochen werden und dem großen Ganzen dienen!

Wünsche des Egos

Das Ego hingegen ist der Teil von uns, der denkt, wir seien voneinander getrennte Individuen. Ihm geht es vor allem um die eigene Größe und Selbstdarstellung; seine Motive sind oft nicht besonders heilig. Wünsche auf Ego-Ebene basieren oft auf Konkurrenz, Mangel, Gier, Stolz, Neid oder Rache. Ego-Wünsche und Ego-Handlungen machen niemanden langfristig glücklich, sondern das Gefühl der Befriedigung ist sehr labil – wie eine Filmkulisse, die beim nächsten Wind einfach umgepustet wird. Zum Beispiel:

- Noch ein weiterer Porsche im Fuhrpark, noch höher, schneller, weiter … und immer noch nicht zufrieden!
- Ellenbogenmentalität und Intrigen, bewusstes Schädigen der Konkurrenz, um persönliche Ziele zu erreichen.

Finde dein WARUM – das wahre Motiv

Genauso wichtig wie, dir deiner Ziele bewusst zu sein, ist, dein »Warum« zu kennen. Denn die Beweggründe, die Motivation hinter deinen Wünschen, sind praktisch das Feuer, das dich anheizt und dir die notwendige Energie für die Umsetzung und den Erfolg verleiht.

Wenn du weißt, warum du dir etwas Bestimmtes wünschst, lernst du dich dadurch selbst besser kennen und kommst auch – wenn es stimmig ist – der Verwirklichung dieses Wunsches näher. Die größte Triebkraft haben dabei meiner Beobachtung nach Wünsche, deren Motive mit der persönlichen Geschichte zu tun haben. Denn nichts wirkt so nachhaltig wie frühe Prägungen!
Oft wird beispielsweise eine Mangelerfahrung zum Schlüssel, um später im Leben das genaue Gegenteil zu verwirklichen.

Mia

Als Kind war sie in der Schule immer eine Außenseiterin und aufgrund einer kaum auffallenden Behinderung irgendwie anders als die anderen Schüler. Früh bekam sie das Gefühl, in Gemeinschaften nicht dazuzugehören, was sie schmerzte und was dazu führte, dass sie sich während ihrer Ausbildung in einer Bank eine recht harte Schale zulegte. Doch hinter der

Fassade einer toughen Business-Frau schwelte das starke Bedürfnis, es allen so richtig zu zeigen. Groß war das Bedürfnis nach Anerkennung und Liebe. Mia legte eine steile Karriere in der Bank hin. Irgendwann reichte ihr dieses Umfeld aber nicht mehr, und sie gründete ihr eigenes Unternehmen, um beruflich noch erfolgreicher zu werden. Statt sich ausgestoßen und machtlos zu fühlen, genießt sie nun die Freiheit einer erfolgreichen Unternehmerin.
Ob Mia ohne die einschneidende Erfahrung als Kind so starke Beweggründe entwickelt hätte? Mit Sicherheit nicht!
Mia entwickelte durch ihre schmerzhaften Erfahrungen unglaublich viel Biss und Durchsetzungskraft. Ihr Motiv, all diese Erinnerungen zum Gegenteil zu transformieren, verbunden mit großer mentaler Stärke und Disziplin, brachten sie dorthin, wo sie heute steht. Doch damit war sie noch lange nicht am Ziel!
Mia verspürte irgendwann das starke Bedürfnis, sich mit Persönlichkeitsentwicklung zu beschäftigen. Ihr alter Schmerz wollte endlich heilen, doch all ihre beruflichen Erfolge konnten das letztlich nicht bewirken. Schicht um Schicht kam sie mit der Zeit ihrem wahren, sehr sensiblen und verletzten Kern näher. Sie besuchte zahlreiche Seminare und Ausbildungen, und mit der Zeit wuchs auch ihr Interesse an spirituellen Zusammenhängen. Wer sie von früher kannte, kann nun kaum glauben, dass Mia in ihre Arbeit als Businesscoach spirituelle Prinzipien einfließen lässt und dadurch Unternehmer zu größerem Bewusstsein inspiriert.

Wenn du deinen Wunsch und dein Wirken bewusst so gestaltest, dass sie nicht nur deinem persönlichen Glück, sondern sogar dem des großen Ganzen dienen, ist dir die volle Unterstützung des Universums sicher. Denn das Universum liebt es, wenn jemand aus der Kraft seiner Seele heraus bewusst seinen Teil zur Verbesserung der Welt beiträgt.

Die gute Fee

Angenommen, die gute Fee klingelte heute an deiner Tür und du hättest drei Wünsche frei, die sie dir umgehend erfüllen würde – welche wären das?
Denk nicht lange nach, diese gute Fee kann wirklich *alles*!
Spontan beantworten Menschen diese Frage häufig mit Aspekten wie Gesundheit, Glück und finanzieller Freiheit. All dies sichert uns Zufriedenheit, Sicherheit und Verbundenheit, deckt praktisch unsere Grundbedürfnisse ab.
Im Prinzip ahnen wir alle, was uns glücklich macht, wir dürfen es ruhig ganz bewusst fokussieren und dafür aktiv werden!
Die Feen-Frage hilft dir, deine Prioritäten zu erkennen, deshalb musst du sie einfach schnell beantworten, ohne dass dein Kopf dazwischenfunken kann.
Leider folgt dann oft gleich nach dem Wunsch das große »Aber« oder der Satz: »Das wäre ja zu schön, um wahr zu sein.« Damit ziehst du deine Bestellung beim Universum direkt wieder zurück.

Verbiete dir ab sofort freundlich, aber bestimmt, deine Wünsche mit »Ja, aber« einzuschränken. Öffne dich stattdessen für ein »Wie ist es möglich?«. Denn damit öffnest du die Tore zur Manifestation!

Praxisanleitung

Jetzt schreiten wir zur Tat und werden dabei noch etwas ausführlicher. Diese Übung dient einfach dem Ziel, dich dem Feld der unendlichen Möglichkeiten zu öffnen – ohne Wenn und Aber!

- Nimm dir viel Zeit und mach es dir richtig gemütlich! Lege Papier (siehe dritter Punkt) und einen Stift bereit.

- Mach dir nun zunächst einmal Gedanken zu deinem persönlichen Warum. Was ist dir wichtig, was möchtest du persönlich in die Welt bringen? Vielleicht hast du wie Mia etwas Bestimmtes erfahren und deshalb ein starkes Motiv entwickelt, etwas zu tun oder dich beruflich und persönlich für etwas Bestimmtes einzusetzen. Was könnte das sein? Schreib es auf!

- Schreibe dann jeweils oben auf ein Blatt Papier eines der folgenden Stichwörter: Partnerschaft | Familie | Beruf(ung) | Lifestyle | Freundschaften | Zuhause | Finanzen.
  Du kannst alternativ auch ein einziges großes Blatt auf dem Boden ausbreiten und dort sternförmig die verschiedenen Bereiche eintragen, wenn dir diese Form lieber ist.

- Jetzt schreibst du einfach mal fröhlich drauflos! Wie stellst du dir dein ideales Leben in den verschiedenen Bereichen vor? Was ist dir wichtig?
  Notiere alle Ideen, Gedanken und inneren Bilder, und zwar ohne Zensur. Skizziere deine Wünsche in den verschiedenen Bereichen bis ins kleinste Detail!

Vielleicht musst du manchmal etwas länger überlegen, aber das macht nichts. Schreibe auf, was dir in den Sinn kommt, und wenn dir nichts mehr einfällt, versuche trotzdem, noch weitere Punkte zu finden.

- Spüre, was es mit dir macht, einfach mal deiner Fantasie freien Lauf zu lassen, ohne dich in irgendeiner Form einschränken zu müssen.

Die passende FREQUENZ *erschaffen*

Nun ist es natürlich erst einmal relativ einfach, schöne Wünsche zu formulieren. Im zweiten Schritt ist es aber mindestens genauso wichtig, dass diese in die Vorstellung deiner Realität passen. Denn nur so kannst du ihre Verwirklichung auch wirklich freudigen Herzens annehmen.

Erinnern wir uns an das Beispiel der Radiofrequenz: Wir empfangen genau den Sender, auf den wir unser Radio eingestellt haben. Wenn wir eine bestimmte Sendung hören wollen, müssen wir unser Gerät genau auf die richtige Frequenz einstellen, sonst rauscht es nur, und wir bekommen nicht die gewünschten Informationen. Genauso verhält es sich mit Wünschen! Wenn wir möchten, dass ein bestimmter Wunsch erfüllt wird, müssen wir uns energetisch auf die erwünschte Realität einschwingen – wir müssen also die richtige Empfangshaltung einnehmen.

Louise

Sie träumte von einem besseren Leben. In bescheidenen Verhältnissen aufgewachsen, entstand schon früh der Wunsch in ihr, es später einmal besser zu haben – ja, sich vielleicht sogar eines Tages den einen oder anderen Luxus gönnen zu können.
Sie hatte ein gutes Herz und arbeitete für relativ wenig Geld in der Altenpflege. Jeden Abend jedoch, wenn sie müde nach Hause kam, dachte sie insgeheim bei sich: »Ich habe mir mein Leben anders vorgestellt. So gern ich die alten Menschen habe – ich kann mir beim besten Willen nicht vorstellen, bis zur Rente so weiterzumachen. Mein Rücken tut weh, und mein Lebensstil erlaubt mir nicht das, was ich mir eigentlich wünsche.«
Das Universum schien ihren Wunsch gehört zu haben, denn eines Tages lernte sie Phil kennen, einen smarten Unternehmer, dessen alten Vater sie liebevoll betreute. Phil erkannte in der hübschen Louise die Frau, nach der schon immer gesucht hatte.
Eine magische Zeit begann! Wenn Louise nach Hause kam, warteten Rosen auf sie oder andere hübsche Überraschungen, und am Wochenende führte Phil seine neue Freundin in chice Restaurants aus oder nahm sie mit auf den

»Alles ist Energie!
Gleiche deine Frequenz der Realität an,
die du möchtest,
und du kreierst diese Realität.
Das ist keine Philosophie.
Das ist Physik!«

Darryl Anka

Golfplatz. Doch obwohl Louise sich einerseits wie im Märchen fühlte und die gleiche aufrichtige Zuneigung für Phil empfand, regten sich ganz unerwartet auch traurige Gefühle in ihr. Als Phil ihr nach einigen Monaten als Zeichen seiner Zuneigung ein wertvolles Schmuckstück mit Diamanten überreichte, liefen Louise auf einmal die Tränen über die Wangen. »Ich kann das nicht annehmen«, schluchzte sie, »es tut mir so leid.«
Louise war der Luxus, den sie sich heimlich ersehnt hatte, fremd. All die Fülle und die neuen Welten, zu denen Phil ihr nun die Tür öffnete, konfrontierten Louise ganz unerwartet mit einem Gefühl von Unzulänglichkeit. Irgendwie passte ihre eigene Schwingung noch nicht zu dem, was sie sich wünschte.

Die eigene Schwingung dem erwünschten Ergebnis angleichen

So wie Louise geht es mehr Menschen, als man glauben mag. Die Differenz der Energiequalität zwischen Ist-Zustand und Wunsch-Zustand ist der Grund dafür, dass viele nicht das bekommen, was sie sich eigentlich wünschen. Es liegt nicht daran, dass das Universum uns nicht geben will, was wir erhoffen!

Du musst bereit sein, das gewünschte Ergebnis in deine Realität zu lassen!

Der Schlüssel dazu liegt im eigenen Selbstwertgefühl. Wenn du aus irgendeinem Grund glaubst, du hättest etwas nicht verdient, hältst du damit die Fülle auf Abstand. Aber glücklicherweise lässt sich das ändern!
Gemäß dem spirituellen Prinzip, dass sich die äußere Welt in dem Maße ändert, wie sich unsere innere Welt wandelt, werden wir durch ein Bewusstsein unseres inneren Wertes magnetisch für äußere Fülle.
Im nächsten Kapitel verrate ich dir, wie du Schritt für Schritt deinen wahren Wert erkennst. Nimm dir wirklich Zeit dafür, denn erst durch ein neues Bewusstsein in der Tiefe wirst du ein authentisches Selbstwertgefühl entwickeln, das sich dann im Außen spiegelt.

Ein kraftvolles SELBSTWERT-gefühl entwickeln

An dieser Stelle möchte ich wieder an den Gedanken erinnern, dass das Leben eigentlich ein großes Erfahrungsspiel ist. Bewusstsein zu entwickeln und den eigenen Wert zu erkennen ist mit Sicherheit eine der wichtigsten Lektionen in diesem Spiel. Wie könnten wir dies besser lernen als durch die persönliche Erfahrung des Gegenteils?!

Bestimmte Erfahrungen in der Kindheit oder übernommene Denk- und Verhaltensmuster führen schnell dazu, dass ein junger Mensch unterschwellig glaubt, mit ihm sei etwas nicht in Ordnung. Je früher der Glaube entstand, desto intensiver wirken später diese Prägungen und die damit verbundenen Glaubenssätze. Eltern wollen natürlich in der Regel alles richtig machen, und dennoch sind auch sie nur Menschen. Schon wieder eine Rahmenbedingung im Spiel des Lebens, die persönliches Wachstum ermöglicht!
Vor allem in unseren Breiten entsteht schnell der Eindruck, etwas tun zu müssen, um sich Anerkennung zu erarbeiten. Kinder strengen sich oft sehr an, um durch schulische Leistungen Wertschätzung und Liebe zu bekommen. Im erwachsenen Leben setzt sich die Suche nach äußerer Anerkennung oft fort – bis zu dem Punkt der Erkenntnis, dass letztlich *wir selbst* es sind, die unseren Wert bestimmen.

Praxisanleitung

Eigentlich geht es nicht darum, etwas neu zu lernen. Es geht vielmehr darum, dich an deinen wahren wertvollen Kern zu erinnern. Denn unter all den Erfahrungen deiner Persönlichkeit schlummert in dir wie in jedem Menschen ein tiefes Wissen, dein wahres Selbst. In deinem innersten Kern, in deiner Essenz, weißt du, dass du ein perfektes göttliches Wesen bist, ausgestattet mit wunderbaren Potenzialen, Sehnsüchten und Talenten.

1. Räume emotionale Blockaden aus dem Weg

Um dich wieder an deinen wahren Wert zu erinnern, musst du zunächst das aus dem Weg räumen, was deinem Strahlen noch im Weg steht. Oft ist das, wie im ersten Teil des Buches beschrieben, alter emotionaler Ballast, der gefühlt und damit transformiert werden möchte.

- Nimm an, was du fühlst, atme, sei liebevoll zu dir. So schmilzt alles von dir ab, was dich vielleicht bislang beschwert hat. Dein wahrer Kern und deine Kraft kommen dadurch immer mehr zum Vorschein.

2. Mach dir deine Talente bewusst

- Erstelle eine Liste deiner Stärken und Talente und notiere darauf auch, was du in deinem Leben schon alles geschafft hast. Keine falsche Bescheidenheit! Ein Kind zu bekommen oder eine Krankheit überstanden zu haben sind genauso wertvolle Qualitäten wie bestimmte Talente oder berufliche Errungenschaften.

- Lies dir deine Liste öfter mal durch, wenn du einen »innerlichen Schulterklopfer« brauchst. Es ist wichtig, dass du dich selbst für deine Qualitäten anerkennst, denn dann werden es auch die anderen tun!

3. Entlarve einschränkende Glaubenssätze

Einem mangelnden Selbstwertgefühl liegen oft hinderliche Glaubenssätze zugrunde. Es ist deshalb im zweiten Schritt ganz wichtig, dass du dir diese bewusst machst, denn alles, was bewusst wird, verliert seine Macht und kann durch Erkenntnis und neue positive Inhalte ersetzt werden. Beispiele für einschränkende Glaubenssätze, die nicht dem Prinzip der Wertschätzung entsprechen: »Das hab ich nicht verdient.« – »Ich brauch nicht viel.« – »Geld verdirbt den Charakter.« – »Ich kann das nicht.«

4. Vollziehe ein Ritual: Lass das Alte los und etabliere das Neue

- Notiere deine persönlichen Glaubenssätze, denn dies ist der erste Schritt, sie zu verändern. Wenn du sie schwarz auf weiß vor dir siehst, schau sie dir an und spüre deine Gefühle. Merkst du, dass die Glaubenssätze eigentlich nicht der Wahrheit entsprechen? Sie sind praktisch Fehlinterpretationen der Vergangenheit.

- Wie auf Seite 40 beschrieben, rate ich dir, diese alten Glaubenssätze nun auf einem neuen Blatt ins Gegenteil umzuformulieren.

So werden aus den Negativbeispielen positive Affirmationen, die sich viel besser anfühlen und auch viel eher der Wahrheit entsprechen!

»Ich habe das Beste verdient!«
»Ich gönne mir alles, was ich brauche – weil ich es mir wert bin!«
»Geld ist eine wunderbare Erfindung und Ausdruck von Fülle.«
»Ich kann viel und bin stets offen, zu lernen und zu wachsen.«

- Dann nimmst du das erste Blatt mit den alten Glaubenssätzen und reißt es in kleine Schnipsel, die du dann wahlweise verbrennst oder in der Mülltonne entsorgst.

- Die neuen Sätze hängst du gut sichtbar auf und liest sie jeden Tag, um sie deinem Bewusstsein einzuprägen. Spüre, wie sie sich anfühlen!

5. Komme im Hier und Jetzt an

Die meisten Wunden, die dein Selbstwertgefühl schwächen, sind vor langer, langer Zeit entstanden, vielleicht vor 20, 30 oder 40 Jahren. Mach dir klar: Warum soll das Hier und Heute mit seiner ganzen wunderbaren Fülle von etwas eingeschränkt werden, das so weit in der Vergangenheit liegt?

Nimm den alten Dämonen von früher die Kraft, indem du dich ganz bewusst hier und heute für dich entscheidest und deinen Wert anerkennst.

Ein Teil von dir weiß, wie kostbar du in Wahrheit bist. Fördere diese Stimme, statt auf das innere Geplapper zu hören, das dich klein halten möchte. Wenn es dir immer mehr gelingt, den vermeintlichen Mangel an Selbstwertgefühl als Illusion zu enttarnen, ist es, als ob du eine Nadel in einen Luftballon stichst. Die Luft entweicht nach und nach, und übrig bleibt schließlich nur eine leere Hülle ohne Bedeutung. Jetzt ist Platz für deine kraftvolle Wahrheit!

»Die ZEIT VERWANDELT
uns nicht,
sie *entfaltet*
uns nur.«

Max Frisch

Ein gesundes *Geldbewusstsein* KREIEREN

Geld ist ein Ausdruck der Fülle, die uns umgibt – ein weiteres Spielzeug im großen Spiel des Lebens. Auf dem Weg in ein glückliches Leben möchte ich dich ermuntern, dir ganz neugierig deine Beziehung zum Geld anzuschauen und ein gesundes Geldbewusstsein zu entwickeln. Denn damit stellst du sicher, dass du stets hast, was du brauchst, und dir damit das Leben so angenehm und fröhlich gestaltest, wie du es dir wünschst und wie es dein Geburtsrecht ist.

Gerade mit dem finanziellen Aspekt des Lebens sind in vielen Köpfen Blockaden verknüpft, die den freien Zufluss des Geldes verhindern.

Wichtig ist es, Folgendes zu verstehen: Geld ist letztlich einfach ein Ausdruck von Energie. Es ist weder gut noch schlecht – es ist einfach ein Spiegel unseres Füllebewusstseins und sicherlich auch unseres Selbstwertgefühls.

Geld ermöglicht es, die Angebote des Lebens voll auszuschöpfen. Dabei hat natürlich jeder andere Prioritäten: Während der eine all sein Geld in sein eigenes Häuschen steckt, spart ein anderer vielleicht für abenteuerliche Reisen. Der eine Mensch gibt sein Geld gern mit vollen Händen aus, der nächste legt es bewusst an, um es zu vermehren.

Manche scheinen ein Händchen für Geld zu haben und ziehen es offenbar aus allen möglichen Quellen an, während andere wiederum mit ihren Finanzen irgendwie auf Kriegsfuß zu stehen scheinen.

Das Thema Geld polarisiert. Jeder möchte es haben und braucht es zum Leben, aber gerade in spirituellen Kreisen wird dieser Aspekt oft vernachlässigt, so als ob es sich um etwas »Unspirituelles« handele. Dabei ist Geld einfach ein Aspekt unseres Lebens, eine praktische Erfindung, die uns im modernen Alltag vieles erleichtert und ermöglicht.

Hierzulande wird in der Regel nicht über Geld gesprochen, was zum Beispiel in den USA ganz anders ist. Überhaupt hat jede Nation eine andere Beschreibung dafür, wie man zu seinem Geld kommt:

In Deutschland *verdienen* wir es.

Im Amerikanischen *macht* man es.

Im Französischen *gewinnt* man es.

Wie ist deine Beziehung zum Geld?

Hast du dich schon mal ganz bewusst gefragt, wie deine Beziehung zum Geld ist? Siehst du in ihm einen Freund, der dir Schönes ermöglicht? Oder eher eine lästige Pflicht, um die du dich kümmern musst?

Ist Geld für dich eine wunderschöne Qualität oder eher etwas Schmutziges?

Glaubst du, es auf harte und fleißige Weise verdienen zu müssen, oder darf das auch leicht und freudig geschehen?

Geld kommt natürlich umso leichter zu dir, je mehr du eine einladende und wertschätzende

Beziehung zu ihm pflegst. Mach Geld zu deinem Freund, und du erhöhst automatisch deine Resonanzfähigkeit dafür!
Genauso, wie die Beziehung zu deinem Partner durch deine Bewusstheit und Liebe aufblühen wird, kannst du auch deine Geldbeziehung aufleben lassen!

Einen Geldfluss herstellen

Da Geld letztlich eine Energie ist, möchte es fließen. Erinnern wir uns an das Beispiel des Energieflusses aus dem ersten Teil des Buches und das Bild des malerischen Baches.
Genauso wie das Wasser möchte sich auch das Geld ungehindert bewegen können. Das heißt, es möchte sowohl zu uns hinfließen im Austausch für das, was wir der Welt geben – unsere Arbeit oder Berufung –, als auch von uns in Umlauf gebracht werden. Darin gilt es, eine gesunde Balance zu finden.
Wird dieser natürliche Fluss behindert, entsteht eine Disharmonie. Diese hat oft zwei verschiedene Gesichter:

- Jemand, der mehr ausgibt, als er einnimmt, macht Schulden.
- Jemand, der nur einnimmt und gar nichts ausgibt, wirkt geizig.

Beides ist nicht im Einklang mit der Fülle des Universums. Natürlich gehört es auch zum Leben, auf vernünftige Weise zu sparen oder gegebenenfalls einen Kredit aufzunehmen – ich meine aber die Grundhaltung zum Geld.
Je besser die beiden Pole von Geben und Empfangen in Balance sind, desto gesünder ist dein Geldfluss.
Stell dir einen Menschen vor, der sehr viel Geld verdient und es regelrecht hortet. Irgendwann sitzt er vielleicht wie Dagobert Duck auf einem Haufen Gold, fühlt sich aber einsam damit, weil er es nicht investiert – oder es quält ihn die ständige Sorge, sein Geld wieder zu verlieren oder betrogen zu werden. Dieser Mensch ist sicherlich nicht glücklich! Trotz des vielen Geldes befindet er sich innerlich im Mangel. Andere Menschen finden ihn vermutlich nicht sonderlich sympathisch, weil er nichts gibt.
Die Frage, welche sinnerfüllten Ausgaben er tätigen könnte, wie er sich einbringen und sein Geld im Außen investieren könnte, bringen ihn mit Sicherheit recht schnell energetisch in Fluss. Großzügige Menschen haben eine überaus positive Schwingung und ziehen magnetisch die Sympathien sowie neue Gelegenheiten an. Ein Gefühl innerer Fülle kann sich einstellen, ohne dass sich die äußere Fülle reduzieren wird, ganz im Gegenteil!
Ein Mensch hingegen, der Schulden macht, könnte sich fragen: »Wo fühle ich mich

Geld ist ein neutraler Ausdruck der Fülle, die uns alle umgibt.

innerlich schuldig? Was bin ich mir selbst in Wahrheit schuldig und kann es deswegen auch anderen nicht geben?«
Schulden zu machen, die dann nicht adäquat beglichen werden können, sind oft die Projektion eines inneren Defizits. Wenn der Mensch innerlich mit sich ins Reine kommt, wird sich auch im Außen recht bald wieder eine gesunde finanzielle Balance einstellen.

Die eigene Geldgeschichte beleuchten

Geld ist einfach ein neutrales, symbolisches Medium für einen Wert.
Wir alle haben eine bestimmte Geldgeschichte, die ihren Ursprung in unserer Kindheit hat. Wie sind unsere Eltern mit Geld umgegangen? Sind wir in der Fülle groß geworden und hatten tolle Spielzeuge? Oder war das Geld knapp? Wie sprachen die Eltern über reiche und arme Menschen? Haben wir früh gelernt, uns etwas zu »verdienen«?
Wie natürlich und offen Kinder noch dem Thema Geld gegenüberstehen, zeigt das Beispiel der kleinen Mila. Die Fünfjährige hatte mitbekommen, dass die Erwachsenen immer zur »Bank« gingen, um Geld abzuheben. Allerdings dachte das kleine Mädchen dabei eher an eine Parkbank, auf der einfach genug Geld für alle lag. Jeder, der was brauchte, konnte es sich jederzeit holen …
Auch wenn die Idee der stets gefüllten Bank wohl eine schöne Wunschvorstellung bleibt, so können wir Erwachsenen uns etwas von der spielerischen Leichtigkeit abschauen, wenn es ums Geld geht.
Denn eine freudige, spielerische Grundhaltung wirkt grundsätzlich sehr anziehend auf alles, was wir uns wünschen. Haben wir die Einstellung, dass Geld nur durch harte, schwere Arbeit verdient werden kann, laden wir es dadurch nicht in unser Leben ein, sondern müssen uns tatsächlich sehr dafür anstrengen.
Gemäß dem universellen Gesetz »Uns geschieht nach unserem Glauben« bestätigen sich deine Glaubenssätze zum Geld und Geldverdienen in der Realität. Die gute Nachricht ist: Du kannst sie dir bewusst machen und dich bewusst neu programmieren!
Wenn du bislang mit deinen Finanzen auf Kriegsfuß standest, entscheide dich jetzt für eine neue, dienlichere Einstellung zum Geld.

Negative und positive Glaubenssätze über Geld

Entlarve deine negativen Glaubenssätze. Hier ein paar typische Beispiele:

- Geld verdirbt den Charakter.
- Reiche Menschen sind Egoisten.
- Ohne Fleiß kein Preis.
- Geld muss man sich hart erarbeiten.

Und hier kommen ein paar Beispiele für neue, positive Glaubenssätze:

- Geld ist ein wunderbarer Ausdruck von Fülle.
- Freudig ziehe ich Geld an. Meine Finanzen sind im Fluss.
- Mit Leichtigkeit verdiene ich das Geld, das ich mir wünsche.
- Ich liebe es, aus vollem Herzen zu geben und zu empfangen.
- Ich bin es mir wert, der Freude zu folgen, und bin dankbar für das Geld, das ich damit verdiene.

Praxisanleitung

- **Neue Glaubenssätze bilden:** Mach dir deine negativen Glaubenssätze übers Geld bewusst und lass die Gefühle zu, die dabei hochkommen. Formuliere deine Glaubenssätze dann neu und positiv – wie zuvor beschrieben. Arbeite jeden Tag mit den neuen Formeln und präge sie dir ein.

- **Dankbarkeit zieht Fülle an:** Wenn du all das, was du hast, ganz bewusst zu schätzen weißt, aktivierst du ein Bewusstsein von Fülle. Dadurch ziehst du mehr davon in dein Leben. Mach dir deswegen jeden Abend bewusst, was dir der Tag alles Wunderbares geschenkt hat. Schätze jede Kleinigkeit!

- **Erkenne deine Beziehung zum Geld:** Schließe in einer kleinen Meditation dazu die Augen, entspanne dich zunächst und spüre deinen Atem.
  Dann visualisiere, wie du an einem edlen Tisch in einem schönen Raum sitzt, das Licht fällt durch die großen Fenster. Auf dem Stuhl dir gegenüber sitzt eine Person.
  Betrachte sie – wie sieht sie aus? Wie fühlst du dich ihr gegenüber? Wie schaut sie dich an? Du erkennst, dass diese Person in deinem Leben das Geld symbolisiert.
  Beginne ein Gespräch mit ihr – du kannst sie alles fragen! Vielleicht möchtest du wissen, wie du besser mit Geld umgehen kannst oder wie du es anlegen sollst. Du kannst auch fragen, welchen Preis du als Selbstständige für etwas verlangen kannst. Diese Person ist so etwas wie dein persönlicher Finanzberater, und du kannst ihr voll und ganz vertrauen!
  Beobachte genau, wie deine Beziehung zu dieser Person ist. Fühlst du eher Distanz? Oder möchtest du sie am liebsten umarmen? Ist sie dir fremd oder vertraut? Du kannst die Person alles fragen – nutze diese Gelegenheit!

- **Mach Geld zu deinem Freund:** Das Gespräch in deiner Vorstellung und die Eindrücke, die du in der letzten Übung gewonnen hast, sagen ganz viel über deine Beziehung zum Geld aus. Wenn du ein schönes und aufschlussreiches Gespräch hattest, ist das wunderbar! Möglicherweise war dir die andere Person, die symbolisch für das Geld stand, aber auch nicht so sympathisch. Vermutlich verhält es sich mit dem Geld dann ähnlich, und du hältst vornehmen Abstand zu dieser Energie.
  Mach dir bewusst, dass Geld einfach eine ganz neutrale Qualität ist, die dir treu dienen möchte. Du selbst kannst entscheiden, wie du diese Möglichkeit nutzt! Ich rate dir deshalb, eine liebevolle Freundschaft zur Qualität des Geldes anzustreben.
  Lerne dafür in deiner Vorstellung die Symbolfigur kennen, frage sie, wie du eine tolle Beziehung zu ihr bekommen kannst. Unterhalte dich öfter mit ihr, lade sie ein, an deinem Leben teilzuhaben.

- **Beachte das Resonanzgesetz:** Es kann dir nur so viel Wert von außen zuteilwerden, wie du dir selbst gibst. Der äußere Spiegel lügt nie! Nimm dir deshalb wirklich Zeit für dich, höre auf deine wahren Bedürfnisse, übe dich in Selbstwertschätzung und Selbstliebe. Investiere in dich und dein Wohlbefinden, sei es dir einfach wert! Du wirst sehen, wie das Außen dir dies widerspiegelt.

- **Diene der Welt mit deinen Talenten:** Wenn du deinen Fokus aufs Dienen richtest – und damit meine ich, dass du der Freude folgst und deine Berufung lebst, wodurch du auch dem großen Ganzen dienst –, fließt automatisch Geld zu dir. Denn du erfüllst deine Aufgabe, wertschätzt dich selbst und erhöhst dadurch deine Schwingung, und Geld folgt immer der Freude!
  Je mehr du dienst, desto mehr verdienst du, heißt es. Dabei geht es weniger um das Geld, denn dieses ist wieder nur ein äußerer Spiegel, dass du auf dem richtigen Weg bist: auf dem Weg in die Fülle und Wunscherfüllung.

Deiner LEBENSAUFGABE *auf der Spur*

Vielleicht fragst du dich, wie du entdecken kannst, was genau es mit deiner Lebensaufgabe auf sich hat und wie du dein Leben entsprechend gestalten sollst. Denn das bedeutet letztlich, dein Leben so zu leben, wie es gemeint ist: als glücklichen Ausdruck deines wunderbaren Potenzials. Immer mehr Menschen verspüren eine Ahnung und eine Sehnsucht danach, der es so früh wie möglich zu folgen gilt!

Natürlich birgt das Thema »Lebensaufgabe« verschiedene Facetten. Ich glaube, dass wir uns auf seelischer Ebene verschiedene Aufgaben vorgenommen haben, was unsere persönliche, spirituelle und berufliche Entwicklung betrifft. All diese Ebenen sind ja auch miteinander verbunden!

Was wir persönlich lernen und in unser Leben integrieren, fließt dann auch in unsere Arbeit ein.

Denken wir wieder an das Bild vom Spiel des Lebens:

Deine persönlichen Gaben und Talente führen dich zu deiner Lebensaufgabe.

Die Bedingungen und Erfahrungen in unseren ersten 20 Lebensjahren stellen oft die ideale Schule dar, um das zu lernen, was wir zur Erfüllung unserer Lebensaufgaben brauchen.

- Wenn wir schon alles haben, könnte es eine Aufgabe sein, Wertschätzung zu lernen und sich selbst etwas zu erarbeiten.
- Erleben wir Mangel, ist es vermutlich ein Ziel, in die Fülle zu finden.

Eine Freundin von mir vermisste in ihrer Kindheit bestimmte Qualitäten von Sicherheit und arbeitet nun mit Kindern, um ihnen genau das zu geben und um ihnen zu zeigen, dass sie sie ganz bewusst mit ihren Bedürfnissen wahrnimmt.

Wie könnte das bei dir sein?

Auf der nächsten Seite habe ich sechs Tipps zusammengestellt, die dir helfen, deinen inneren Ruf zu erkennen und ihm immer mehr zu folgen.

So findest du deine Berufung

SECHS TIPPS FÜR DEN WEG

Praxisanleitung

1. Der wichtigste Kompass, der dich zu deiner Berufung führen möchte, ist dein Gefühl. Wenn du den starken, fast schon drängenden Wunsch verspürst, etwas zu verwirklichen, steckt mit Sicherheit deine Seele dahinter. Durch intensive Gefühle, oft verbunden mit Leichtigkeit und Freude, signalisiert sie dir den Weg in Richtung deiner Berufung.

2. Im Wort Lebensaufgabe steckt das Wort Gabe. Frage dich also: »Welche ganz persönlichen Gaben und Talente zeichnen mich aus?« Frage auch Freunde, denn andere erkennen oft noch mehr Qualitäten in dir, die du vielleicht selbstverständlich findest. Meistens ist es so, dass du dich, wenn du diese Talente einsetzt, automatisch gut dabei fühlst, und dies ist ein wichtiger Schlüssel, um deine Berufung zu finden.

3. Wo liegt dein Schmerz? Jeder hat ein Lebensthema, an dem er wachsen kann. Oft hat die eigene Berufung damit zu tun, die Erkenntnisse, die man durch die persönliche Entwicklung gewonnen hat, an andere Menschen weiterzugeben. Denn nichts wird dich so sehr berühren und mit Sinn erfüllen wie etwas, was du aus eigener Erfahrung kennst.

4. Viele Menschen haben schon in jungen Jahren eine Idee von ihrer Aufgabe im Leben, aber die wenigsten Menschen gehen schnurstracks den Weg ihrer Berufung. Meist existieren zahlreiche vermeintlich vernünftige Gründe, erst mal einen sicheren Beruf zu ergreifen. Der Erstberuf ist oft – nicht immer – einfach eine Schule, um Erfahrungen zu sammeln und das zu lernen, was du später in deiner wahren Berufung brauchst. Das ist durchaus sehr wertvoll und wichtig!

5. Nimm dir Auszeiten, um zu spüren, was du wirklich willst! Verlasse kurzzeitig das tägliche Hamsterrad und verbringe Zeit in der Natur, um wieder deine innere Stimme zu vernehmen. Bastle eine Collage, sammle Bilder deiner Träume und Talente und stell dir innerlich immer wieder die Frage: »Was ist meine Aufgabe?« Das Resonanzgesetz wird dir dann Antworten schicken.

6. Gehe Schritt für Schritt. Eine neue Tür geht immer so weit auf, wie du eine alte schließt. Verändere deinen Beruf in deinem eigenen Tempo, indem du zum Beispiel erst einmal die Stundenzahl reduzierst und so Zeit für eigene Projekte, Fortbildungen und Ähnliches gewinnst.

INNERE KLARHEIT erschafft äußere Resultate

Für dein Glück ist es essenziell wichtig, dass du dir jetzt Zeit nimmst, innere Klarheit darüber zu gewinnen, was du wirklich willst.

Stell dir vor, du planst eine Reise nach Südafrika. Wenn du das Optimale aus deiner Reise herausholen möchtest, informierst du dich vorher gut über alle Möglichkeiten, prüfst, was für dich das Richtige ist, und planst deine Schritte – natürlich mit genug Spielraum für spontane Erlebnisse. Du willst ja nicht am Ende der Reise feststellen, dass du das Beste, was das Land zu bieten hat, verpasst hast!

Auf das ganze Leben bezogen ist es eigentlich das Gleiche. Am Ende wollen wir doch alle zurückblicken mit einem Gefühl von Erfüllung statt Reue und der Erkenntnis: »Hey, ich hab's richtig gemacht.« Sei gewiss, dass dich deine Seele genau dahin zu führen vermag!

Erst durch innere Klarheit entstehen genauso klare äußere Resultate. Das Gesetz der Resonanz spiegelt in der äußeren Realität unsere innere Welt!

Das ist eigentlich in allen Bereichen des Lebens so, im Großen wie im Kleinen, im Guten wie im Schlechten:

- In der Liebe: Je klarer deine Vorstellung vom Traumpartner ist und je mehr du dich damit

»Unsere Wünsche sind Vorgefühle der Fähigkeiten, die in uns liegen, Vorboten desjenigen, was wir zu leisten imstande sein werden.«

Johann Wolfgang von Goethe

emotional verbindest, desto eher wirst du einen solchen Menschen in dein Leben ziehen.

- Im Berufsleben: Je besser du deine Stärken kennst, desto erfolgreicher kannst du dich verkaufen, zum Beispiel im Vorstellungsgespräch.
- Im Alltag: Je präziser du deinem Friseur deinen gewünschten Haarschnitt vermitteln kannst – indem du zum Beispiel ein Bild davon mitbringst –, desto größer die Wahrscheinlichkeit, dass du genau diese Frisur bekommst.
- Im kreativen Bereich: Je klarer die Vorstellung eines Regisseurs bezüglich eines Filmprojekts, desto genauer wird das Ergebnis dieser Vision entsprechen! Letztlich sind wir alle die Regisseure unseres Lebens!

Kontraproduktiv ist es, sich damit zu beschäftigen, was nicht gewollt ist.

Wenn Menschen sich nicht die Zeit und Muße zum Innehalten nehmen, spiegelt die äußere Welt den inneren Stress wider.

Wenn Partner sich täglich über die Macken und Fehler des anderen ärgern, verstärken sie die gemeinsame Unzufriedenheit.

Wir müssen uns vielmehr darauf konzentrieren, was wir *wirklich* wollen, und unsere Energie dorthin lenken. Lerne ganz bewusst, dich auf Positives zu fokussieren.

Mein Rat: Folge gleich heute dem Ruf deiner Intuition, nimm dir eine halbe Stunde Zeit und bring deine Gedanken über deine tiefen Lebenswünsche zu Papier. Und dann: Bleib dran!
Je näher du dir kommst, desto klarer wirst du spüren, was deine Seele wirklich glücklich macht.
Vielleicht entwickelst du ein regelmäßiges Ritual dazu, dann wird sich deine Intuition verstärken. Sei es dir wert!

Deine Gefühle weisen dir den Weg

Der wichtigste Kompass auf dem Weg zu innerer Klarheit ist das bewusste Wahrnehmen deiner Gefühle und deines Körpers. Sie sind praktisch dein inneres Navigationssystem, das dich in jedem Moment deines Lebens leiten möchte. Im Alltag, Beruf und wenn wir in Eile sind, schöpfen wir nicht annähernd die Möglichkeiten dieses Systems aus. Deshalb ist es so wichtig, täglich innezuhalten und die Wahrnehmung vom Kopf in den Körper zu verlagern.

Sowohl unsere Emotionen als auch unser Körper bilden ein hochdifferenziertes System, das symbolisch zu uns sprechen möchte. Auf einer oberflächlichen Ebene merken wir, dass sich etwas »gut« oder »schlecht« anfühlt, körperlich begleitet von Empfindungen wie Weite oder Enge. Wenn wir lernen, unsere Wahrnehmung zu verfeinern, spüren wir vielleicht feinere Nuancen, zum Beispiel:

- Mein Herzbereich fühlt sich weit an. Bei einer schönen inneren Vorstellung merke ich, dass sich meine Mundwinkel heben und ich lächeln muss.
- Wenn ich an die Person XY denke, zieht sich mein Hals regelrecht zu. Es verschlägt mir die Sprache.
- Ich spüre, dass meine Hände kribbeln. Ich habe den Impuls, dies oder das zu tun. Dabei empfinde ich Vorfreude, und es fühlt sich stimmig an.
- Jetzt kann ich richtig tief durchatmen. Das fühlt sich sehr gut an. Nicht mehr blockiert, sondern fließend.
- Wenn ich mich auf meine Füße auf dem Boden konzentriere, werde ich automatisch ruhiger. Da ist ein Gefühl von Sicherheit und Halt.

Wenn beim Gedanken an ein für dich stimmiges Ziel dein Körper mit einem Gefühl von Entspannung, Energie und freudiger Leichtigkeit reagiert, bist du auf dem richtigen Weg. Wenn etwas stockt, halte inne und spüre nach.

Denk in deinem Prozess der Zielfindung stets an das Bild von dem idyllischen Bach und folge dem, was dir emotional und körperlich ein Gefühl von Stimmigkeit vermittelt. Der Körper lügt nie!

Auf der folgenden Seite habe ich dir einen kleinen Werkzeugkasten zusammengestellt, dessen Methoden dir helfen, in Kürze innere Klarheit zu entwickeln und ganz genau zu spüren, was du wirklich willst.

Die Wahrnehmung deiner Gefühle und deines Körpers ist der Schlüssel zu Klarheit und Heilung.

Praxisanleitung

- **Nutze dein Körperempfinden:** Achte bei allen Wünschen, Unklarheiten und Entscheidungen auf ein Empfinden von Lebendigkeit und Müdigkeit, von Weite und Kontraktion. Besonders bedeutsam dabei ist dein Herz, der sensibelste Indikator deiner Emotionen und Wahrnehmungen. Die wichtigste Frage, die du dir stets stellen darfst, ist: »Macht dies mein Herz weit oder eng?« Orientiere dich stets an dem, was dein Herz öffnet!

- **Schule deine Intuition:** Lerne, wieder vermehrt auf dein Bauchgefühl zu achten, deine Intuition, die du als Kind noch ganz deutlich gespürt hast. Die Intuition hat viele Gesichter: Beim einen zeigt sie sich womöglich in Form innerer Bilder, beim nächsten vielleicht als ein unerklärliches, fast übernatürliches und untrügliches Wissen. Ein ganz einfaches Rezept, wie du dich schnell mit deiner Intuition verbindest, besteht darin, in die Natur zu gehen. Die Natürlichkeit im Außen wird deine innere Natürlichkeit wachrufen – schon wieder das Resonanzgesetz, in diesem Fall andersherum!

- **Sorge für körperliche Klarheit:** Eigentlich wissen wir es alle, aber trotzdem möchte ich es an dieser Stelle noch mal sagen: Gesunde und frische Ernährung sorgt für innere Klarheit. Zu viel, zu fettes, zu süßes Essen hingegen trübt deine körperliche Vitalität und dein Denken. Außerdem ist es mindestens genauso wichtig, dich viel an der frischen Luft zu bewegen, Sport zu treiben und genug zu schlafen. Beachtest du all dies und meditierst täglich noch 20 Minuten, wirst du dich innerlich wunderbar klar und aufgeräumt fühlen. Das Universum kann dann gleich viel besser zu dir sprechen.

- **Erschaffe ein ganzes Bild:** Auf der Suche nach innerer Klarheit ist es wichtig, dass du alle inneren Instanzen in deine Ideen mit einbeziehst – deinen Geist genauso wie dein Herz, deine Intuition genauso wie deinen Körper, deine Gedanken ebenso wie deine Gefühle. Lass sie alle zu Wort kommen!

- **Kultiviere positive Gefühle:** In einer positiven Stimmung gewinnst du viel mehr Klarheit als durch Grübeln. Ideen fliegen dir zu, und du entdeckst in diesem Zustand neue Lösungen und Blickwinkel. Weil die Freude so wichtig ist, widme ich ihr gleich noch eine Seite!

Folge der FREUDE und Leichtigkeit

Das Empfinden von Freude und Leichtigkeit erzeugt eine hohe Schwingung. Je höher deine Schwingung ist, desto erfolgreicher wird das Universum manifestieren, was du wirklich willst. Deshalb solltest du unbedingt Freude und Leichtigkeit zu deinem vorherrschenden Seinszustand machen. Was spricht denn dagegen?

Vielleicht hast du auch die Einstellung mitbekommen, dass zum Beispiel Arbeit anstrengend sein muss. Von Montag bis Freitag gilt es, von 8 bis 17 Uhr zu arbeiten, am besten festangestellt im Büro wegen der Sicherheit – und in der abendlichen Freizeit und am Wochenende darf man dann ein bisschen Spaß haben. Erst die Arbeit, dann das Vergnügen.
Ich kenne solche Gedanken. Während ich dies hier schreibe, sitze ich im Liegestuhl im Garten mit dem Laptop auf den Knien und genieße die warme Frühlingssonne. Früher hätte ich dabei fast ein schlechtes Gewissen gehabt, da ich Arbeit mit der Routine meines langjährigen Jobs assoziierte.
Bücherschreiben ist natürlich auch Arbeit. Aber ich empfinde es nicht als solche, weil es mir so viel Freude macht. Ich bin flexibel darin, wann und wo ich schreibe. Und wenn ich mich, so wie jetzt, dabei noch über die schöne warme Sonne auf meiner Haut und das Vogelgezwitscher freue, fühle ich mich leicht, beschwingt und dankbar und schreibe entsprechend.

Es darf leicht gehen!

Wenn du Freude und Leichtigkeit verspürst, ist dein Leben natürlich im Fluss. Gib dich nicht mit weniger zufrieden und lass dir auch von niemandem etwas anderes einreden. Vertraue deiner inneren Weisheit, die genau weiß, dass dein Leben so gemeint ist.
Du kannst außerdem deiner Umwelt viel mehr geben, wenn du in der Freude bist. Durch das Resonanzgesetz rufst du in deinen Mitmenschen nämlich auch ihre Freude wach und appellierst an ihr inneres Licht. Je mehr Menschen ihr inneres Licht leben, desto besser!

Praxisanleitung

Deine Ideen, Wünsche und inneren Bilder aufzuschreiben ist ein erster Schritt, um sie auf der materiellen Ebene zu manifestieren. Sie bekommen so Ausdruck und eine erste Form, und sicher wird dich der Prozess des Schreibens mit größerer Klarheit erfüllen.

- Nimm dir Block und Stift. Dann schließe die Augen und komme ganz bei dir selbst an. Spüre deinen Körper und deinen Atem. Lade gedanklich deine Intuition ein, die Tür zum Universum. Sei gewiss: Es freut sich, wenn es dich unterstützen kann! Dann öffne die Augen und beginne zu schreiben.

Meine Vision für die Zukunft

- **Lebensqualität und -inhalt:** »So möchte ich leben!«
Skizziere deinen idealen Tag, deine Umgebung und Tätigkeiten im Leben deiner Träume.

- **Lebensgefühl:** »So möchte ich mich fühlen!«
Beschreibe so detailliert wie möglich, wie du dich dann fühlst.

- **Beziehungen:** »Mit diesen Menschen möchte ich zusammen sein!«
Beschreibe deine Beziehungen, Freundschaften und die Menschen, mit denen du verbunden bist.

- **Berufung:** »Diese Talente möchte ich in die Welt bringen!«
Beschreibe deine Ideen zu deiner Berufung und alles, was dir hierzu einfällt. Frage dich: Was kann ich geben, was andere brauchen? Wo kann ich der Freude folgen? Wo sind meine Talente?

- **Berufung in der Praxis:** Beschreibe, wie dein Berufungsleben in der Praxis aussieht. Tu so, als ob alles möglich wäre …

- **Tiefste Sehnsüchte:** »Dies möchte ich in meinem Leben unbedingt noch erleben!«
Stell dir vor, du blickst später auf dein Leben zurück. Beschreibe deine tiefsten Sehnsüchte und Wünsche.

Dein Visionboard
MACH DEINE WÜNSCHE SICHTBAR

Praxisanleitung

Jetzt werden wir kreativ! Im nächsten Schritt verleihst du deinen Gedanken, die du gerade zu Papier gebracht hast, eine bildliche Form. Eine Visionstafel (Visionboard) verleiht deinen inneren Bildern, Gefühlen und Wunschenergien eine äußere Form, die dich täglich motivieren wird. Wenn du ins Museum gehst oder Urlaubsfotos betrachtest, werden auch bestimmte Empfindungen in dir wachgerufen, und diesen Effekt machst du dir nun bewusst zunutze.

- Halte Ausschau nach Fotos, Bildern, Headlines in Zeitschriften und Ähnlichem, die auf der Wellenlänge deiner Wünsche liegen.

- Schneide zum Beispiel ein Bild deines Traumhauses aus dem Katalog aus oder mach ein Foto deines Traumautos in deiner Lieblingsfarbe. Suche ein Bild eines verliebten Paares, wenn du dir eine glückliche Beziehung wünschst. Hol dir einen Urlaubsprospekt aus dem Reisebüro und reiße eine Seite heraus, auf der ein schöner karibischer Strand mit Palmen und blauem Meer abgebildet ist oder deine Lieblingsstadt – oder einfach ein Ort, wo du gerne hinreisen möchtest. Sorge dafür, dass du alle Aspekte – persönliche, berufliche, materielle, individuelle – berücksichtigst und nichts vergisst.

- Klebe all diese Bilder auf eine große Pappe – je größer, desto besser! Hänge dein Board gut sichtbar auf, gerne in deinem Schlafzimmer, weil dann morgens dein erster und abends dein letzter Blick dorthin fallen können und sich die Bilder deinem Unbewussten weiter einprägen können. Genieße die Bilder! Fühle, wie sie deinen Körper und deine Seele streicheln.

Nun hast du deiner Vision mit Worten und Bildern Ausdruck verliehen. Glückwunsch – das fühlt sich gut an, oder? Du hast somit schon einen ganz wichtigen Schritt getan, um das Resonanzgesetz ganz bewusst zu nutzen.

Der Startschuss: Deine ENTSCHEIDUNG

Da du nun schon ein klares Bewusstsein gewonnen hast von dem, was du willst, ist es an der Zeit, eine verbindliche innere Entscheidung dafür zu treffen. Du signalisierst damit dem Universum, dass es dir ernst ist. In der Anwendung des Resonanzgesetzes wird dieser Punkt oft übersehen.

Viele Menschen sind durchaus willens, ihre Wünsche zu formulieren, treffen dann aber nicht wirklich aus vollem Herzen eine Entscheidung dafür.
Stell dir einen inneren Regler vor, den du voll aufdrehen kannst. Auf welche Stufe würdest du ihn einstellen – wie groß ist die Intensität deines Wunsches?
Je deutlicher du nun die Entscheidung triffst für das, was du in dein Leben ziehen möchtest, desto klarer ist die Botschaft an das Universum und desto mehr wird das Resonanzgesetz dafür sorgen, dass du genau das bekommst.
Denken wir wieder an den Kellner im Restaurant. Er braucht eine klare, verbindliche Bestellung: »Ich möchte diesen Aperitif, diese Vorspeise, jenen Hauptgang mit genau dem Wein und dieses Dessert – aber bitte mit Sahne!«
Der Kellner wird deine Bestellung an die Küche (das Universum) weiterleiten, die sich dann umgehend an die Zubereitung deiner Bestellung machen wird.
Du kannst dem Kellner nicht nach 15 Minuten plötzlich sagen, dass du doch lieber alles komplett ändern würdest – denn vielleicht liegt dein Steak dann schon in der Pfanne!

Lerne wahres Commitment

Es geht um Verbindlichkeit in deiner Entscheidung, im Englischen: *Commitment*. Sich auf gesunde Weise festzulegen vermag dir wahre Erfüllung zu schenken, denn es ermöglicht Transformation und Entwicklung. Erst durch klar getroffene Entscheidungen kommt wirklich etwas in Gang.
Das ist durchaus vergleichbar mit einer Eheschließung. Wenn du dich ganz bewusst zu deinem Partner bekennst, indem du ihn oder sie heiratest, sagst du: »So soll es sein.« Erst dann ist eine tiefe Entwicklung möglich.
Wenn du dich, was Beziehung und Manifestationen betrifft, nach dem Motto »heute so, morgen so« verhältst und dich nicht klar entscheidest, kann dir das Universum auch keine klaren Ergebnisse liefern.

Sage also von ganzem Herzen Ja zu deinen Wünschen, verbinde dich mit ihnen, heirate sie auf eine gewisse Weise.

Du baust dadurch eine intensive energetische Verbindung zu ihnen auf, und sie werden beginnen, sich zu manifestieren.
Durch deine Entscheidung, dein Commitment, beginnst du, deine Wünsche in deine Realität zu ziehen.

Finde deinen FOKUS

Neben deiner Entscheidung für das, was du willst, ist es wichtig, deinen Wunsch in deinen täglichen Fokus zu stellen. Denn wenn du nur ein bisschen nebenbei Fokus und Entscheidung praktizierst, werden dir auch nur ein bisschen nebenbei Resultate geliefert, wenn überhaupt.

In unserem modernen Alltag mit all seiner medialen Reizüberflutung ist es leicht, sich zu verzetteln. Wer kennt das nicht: Du sitzt am Computer und möchtest ein Schreiben aufsetzen, aber plötzlich landest du auf Instagram, um dich – nur mal ganz kurz natürlich – ein bisschen inspirieren zu lassen. Oder du möchtest dich um den Aufbau deiner Selbstständigkeit kümmern, aber du musst ja außerdem die Kinder versorgen, mal wieder den Rasen mähen, und der Hund soll auch nicht allein spazieren gehen …

Es gilt also, wirklich konzentriert am Ball zu bleiben und deine Wünsche im Blickpunkt zu halten.

Sehr hilfreich dabei ist es, dich mit deinem Warum zu verbinden, das du zuvor ergründet hast (Seite 66). Denn dein innerer Antrieb, im Idealfall deine Seelenmotivation, wirkt kraftvoller als jedes Benzin – selbst in Zeiten eines leeren Tanks, eines Burn-outs, vermag dich dieser Sprit wieder in Bewegung zu versetzen.

Dein Fokus-Kreis

WIE VIEL AUFMERKSAMKEIT GIBST DU DEINEN WÜNSCHEN?

Praxisanleitung

Wenn du dir vorstellst, du hättest 100 Prozent Energie zur Verfügung, dann kannst du dir bildlich klarmachen, wie viel Prozent davon du für welche Bereiche in deinem Leben verwendest.

- Male einen großen Kreis, der deine Energie symbolisiert. Dann füllst du diesen Kreis mit deinen derzeitigen Lebensinhalten und malst auch um diese Kringel herum. Schau mal, wie viel Fläche du für alle Aspekte brauchst – Partnerschaft, Job, Kinder … – und wie viel Fläche du intuitiv deinen Wunschprojekten zuteilst.

- Die gleiche Übung kannst du auch mit deinen Gedanken und Gefühlen machen. Beobachte achtsam, wie viel Zeit du mit welchen Gedanken und Gefühlen verbringst. Denn deine vorherrschende Gedanken- und Gefühlshaltung bestimmt deine Realität – Gleiches zieht Gleiches an!

- Bring deine Gedanken in Einklang mit deinen Wünschen, indem du dich bewusst darauf konzentrierst, was du willst. Gib dem, was du nicht willst, keine Energie, indem du es gar nicht weiter beachtest!

Tipps für einen laserscharfen Fokus

- Der erste Gedanke morgens sollte sich auf deine Wünsche beziehen. Schau auf dein Visionboard, das sich möglichst in der Nähe befindet. Lass die Eindrücke und Gefühle in dir wirken, die durch die Bilder wachgerufen werden, atme sie förmlich ein. Mach ein Foto deines Visionboards und nutze es als Bildschirmschoner deines PCs.

- Bring deine Wünsche in einer kurzen und knackigen Formel, einer Affirmation (Seite 119), auf den Punkt und führe dir diese gleich morgens vor Augen. Wiederhole sie auch zwischendurch am Tag innerlich immer wieder.

Beispiele: »Ich habe mein Traumgewicht von 60 kg.« – »Ich lebe in meinem Traumhaus.« – »Ich bin in einer glücklichen Beziehung mit meinem Seelenpartner.«

- Im Alltag kannst du zum Beispiel bewusst entscheiden, worüber du mit anderen Menschen sprichst. Mit einem bewussten positiven Fokus wirst du Gespräche mit positiven und motivierten Menschen suchen. Mit negativen Worten, Opfermentalität und den Dramen anderer wirst du dann gar nicht mehr in Resonanz stehen!

- Verbinde dich bewusst mit den Qualitäten, die du manifestieren möchtest. Gehe öfter in ein Café in dem Viertel, wo du leben möchtest. Suche die Nähe von Menschen, die das leben, was du dir wünschst. Verbinde dich auf Social-Media-Plattformen mit Gleichgesinnten. Halte bei jeder Gelegenheit Ausschau nach den Qualitäten, die du dir erhoffst.

- Praktiziere tägliche Fokus-Rituale wie Tagebuchschreiben oder Meditation – das sind wunderbare Fokus-Tools! Im dritten Kapitel bekommst du dazu noch weitere Impulse.

Die Magie des erfüllten **WUNSCHES**

»Alles, worum ihr betet und bittet – glaubt nur, dass ihr es schon erhalten habt, dann wird es euch zuteil.«
(Markusevangelium 11,24)

Jetzt kommt die Zauberformel, die bei erfolgreicher Anwendung die Manifestation deiner Wünsche förmlich in deine Realität zieht: **Du lebst bereits heute so, als ob dein Wunsch Realität wäre.** Das heißt, du sprichst, handelst und verhältst dich in deinem Alltag genau so, als ob alles, worum du bittest, schon längst eingetroffen wäre.
Wir erinnern uns an die Tatsache, dass die äußere Welt der inneren Welt folgt, nicht umgekehrt. Dem Gedanken im Innen folgt die Umsetzung im Außen. Beispielsweise beginnt die Entstehung eines Hauses bereits im Geist des Architekten. Zuerst formt er das Bild eines Hauses im Kopf, bevor er auf dieser Basis die Pläne skizziert und das Haus schließlich nach seinen Vorstellungen gebaut wird.

Die »So tun als ob«-Technik

Setze bewusst die geistigen Ursachen, indem du dich entsprechend verhältst. Schaffe eine energetische Blaupause, die eine materielle Erfüllung nach sich ziehen wird. In der Praxis bedeutet das:

- **Wenn du dir eine Beziehung wünschst:** Du verhältst dich so, als würde dein Traumpartner bereits in deinem Leben existieren. Lege symbolisch ein zweites Kopfkissen in dein Bett. Stell dir beim Essen vor, er oder sie säße dir gegenüber. Erwecke in dir eine Schwingung und Energie von Beziehung, Romantik und Liebe. Sei gut zu dir, behandle dich selbst zuvorkommend.

- **Wenn du mehr Geld in dein Leben ziehen möchtest:** Verhalte dich so, als verfügtest du bereits über das Geld. Beobachte dich in Geschäften und denke freudig und dankbar: »Ich kann mir das leisten. Das passt wunderbar zu mir und meinem Wert.« Das heißt nicht, dass du es kaufst, aber stell es dir vor!

- **Wenn du deine Berufung leben möchtest:** Handle so, als ob du es bereits tätest. Nimm Kontakt auf mit Menschen, die ebenfalls ihre Berufung leben. Gehe gedanklich deinen Tag durch, wie er in deinem Berufungsleben aussieht. Spüre die Freude, die aufkommt, wenn du tust, was du liebst … und tu mehr davon!

Ein Interview mit deinem zukünftigen Ich
BERICHTE VON DEINEM NEUEN LEBEN

Praxisanleitung

Diese Übung eignet sich ganz wunderbar, um in die Energie des erfüllten Wunsches zu kommen. Stell dir vor, ein Journalist interviewt dich in der Zukunft und befragt dich zu deiner aktuellen Lebenssituation und wie du dorthin gekommen bist. Du stehst freudig Rede und Antwort, denn nur zu gern teilst du deine positiven Erfahrungen!

Das will der Jounalist wissen

- »Bitte erzählen Sie, wer Sie sind und was Sie beruflich machen.«
- »Wie und wo leben Sie, und wie fühlt sich das an?«
- »Was ist Ihre Mission in diesem Leben und wie gelingt es Ihnen so gut, diese zu erfüllen?«
- »Was hat Ihnen am meisten geholfen, dorthin zu kommen, wo Sie jetzt sind?«
- »Beschreiben Sie Ihr Lebensgefühl. Sie sehen so glücklich aus!«

Du kannst die Antworten aufschreiben, aber ich finde es noch intensiver, wirklich zu sprechen – entweder mit jemand anderem, der die Fragen stellt, oder aber einfach für dich und ungestört, wenn dir das lieber ist.
Durch das tatsächliche Aussprechen werden alle Sinnes- und Emotionskanäle aktiviert, und du wirst wirklich auf jeder Ebene immer mehr spüren, wie es sich anfühlen würde, dort zu sein, wo du hinmöchtest. Du kannst deine Antworten auch als Audio aufnehmen – zum Beispiel mit deinem Smartphone – und sie dir täglich anhören! Je häufiger du das machst, desto selbstverständlicher und vertrauter wird sich das für dich anfühlen und desto schneller wird diese innere zu deiner äußeren Realität werden!

Kümmere dich nicht um DAS WIE

Vielleicht schaltet sich nun dein Verstand ein und möchte gerne ganz rational verstehen, wie dies denn bitte genau im Detail funktionieren soll.

Nun, so ganz einfach ist das nicht zu erklären – aber es funktioniert!
Stell dir einen Dienstleister vor, den du für bestimmte Aufgaben engagiert hast. Was in eurer Zusammenarbeit zählt, ist das Resultat, richtig? Das heißt, dass es eigentlich nicht so wichtig ist, wie derjenige seine Aufgabe genau erledigt, vielmehr zählen die Resultate, für die du ihn bezahlst.
Würde die Person dir jetzt ausführlich erklären, was sie im Einzelnen tut, würde dich das viel Zeit kosten, die du besser einsetzen könntest – schließlich hast du die Aufgabe ja auch an einen Experten delegiert, in diesem Fall an das Universum.

Lass los und vertraue auf die Weisheit des Universums

Ein bisschen Loslassen und Vertrauenüben ist also gefragt. Zu viel hinterfragen und kontrollieren zu wollen wirkt sich sogar eher negativ auf das Resultat aus.
Stell dir vor, du selbst wärest der Dienstleister und würdest bei einem Auftrag das volle Vertrauen deines Lieblingsklienten genießen, der dich engagiert hat. Du würdest vermutlich zur Höchstform auflaufen und alles daransetzen, ihn glücklich zu machen und die besten Ergebnisse zu liefern, richtig?
Würde dich dein Auftraggeber jedoch ständig kontrollieren, könntest du nicht so entspannt ans Werk gehen. Seine Zweifel würden die Qualität und Leichtigkeit deiner Arbeit spürbar einschränken, obwohl du die besten Absichten hast. Aber das Misstrauen, das in der Luft liegt, würde verhindern, dass die positiven Resultate wirklich realisiert und dann auch angenommen werden können.

Kontrolle und Zweifel blockieren den Prozess der Manifestation

Das Universum ist überaus kreativ, was Ergebnisse betrifft. Es kommt auf Ideen und Möglichkeiten, die wir uns nicht mal hätten ausdenken können. Sei dessen gewiss: Es hat auch diesbezüglich zweifellos den besseren und umfassenderen Überblick. Du kannst ihm blindlings vertrauen.
Wenn wir zu sehr an der Vorstellung festhalten, wie genau etwas zu uns kommen soll, beschränken wir uns auf diese Möglichkeiten. Vielleicht erkennt das Universum in seiner Weitsicht noch etwas viel Besseres!
Stell dir vor, du wirst für deine engagierte Arbeit schlecht bezahlt. Du möchtest mehr Geld manifestieren und bittest das Universum um Hilfe. Angestrengt wiederholst du täglich mehrfach die Affirmation: »Ich finde jetzt einen Job mit einem großzügigen Monatseinkommen.«

Doch es will einfach nicht passieren – der Erfolg bleibt aus! Das Universum schmunzelt; weiß es doch schon lange, dass es an der Zeit für dich ist, dich selbstständig zu machen. So kannst du nicht nur mehr Menschen mit deinen Fähigkeiten dienen, sondern im besten Falle damit auch wesentlich mehr Geld ver*dienen*! Wenn du die Zeichen beachtest, die dir täglich geschickt werden, und der damit einhergehenden Leichtigkeit folgst, wird dich das Universum auf die richtige Spur führen, und Türen werden sich öffnen, wo du es zuvor nicht einmal vermutet hättest.

Alles, was du für deinen Erfolg tun musst, ist, dein Ziel zu kennen und dies dann mit der Formel »Dies oder etwas Besseres möge geschehen« vertrauensvoll nach oben abzugeben. Das Universum kümmert sich dann um die Details.

Oder angenommen, du wärest unsterblich verliebt in eine bestimmte Person. Du visualisierst täglich, wie du mit diesem Traumpartner eine glückliche Beziehung führst, zwei Kinder hast und ein Haus mit Garten und Cockerspaniel dein Eigen nennst und ihr glücklich bis ans Ende eurer Tage lebt.
Das einzige Problem dabei ist: Die andere Person möchte das vielleicht gar nicht!
Das Universum hat aus seiner Perspektive vielleicht einen anderen, viel besser zu dir passenden Partner für dich vorgesehen, etwa den freundlichen Kollegen aus der Buchhaltungsabteilung, der dir noch nie aufgefallen ist. Da du jedoch so stark an deiner Vorstellung mit der anderen Person klammerst, fällt dir dieser womöglich lange Zeit gar nicht auf …
Loslassen und vertrauen ist manchmal gar nicht leicht, ich weiß. Ein Gefühl von Selbstbestimmung und Kontrolle im Handeln und Wirken schenkt uns vermeintliche Sicherheit.
Aber vieles haben wir so gar nicht in der Hand – genau genommen sind wir alle nur kleine bewegliche Rädchen in der großen Maschinerie des Lebens.
Im Vertrauen darauf, dass wir Teil etwas Größeren sind und es somit auch einen größeren weiseren Plan gibt als unsere kleine Perspektive, können wir uns aber ganz entspannt zurücklehnen. Das Universum weiß schon, was es tut!

»Dies oder etwas Besseres möge geschehen!«

Ich empfehle dir deshalb, alle deine Wünsche, Ziel-Kollagen und Vorstellungen stets bewusst mit dem Zusatz »Dies oder etwas Besseres möge geschehen!« zu versehen.
Diese kleine Zusatzformel ist vergleichbar mit dem PS in einem Brief, vielleicht sogar mit dem Amen in der Kirche. Dieses bedeutsame Schlusswort signalisiert dein Vertrauen und deine Hingabe an die Weisheit des Universums und lässt es zu Höchstform auflaufen!

Sei schon *jetzt* DANKBAR

Jetzt hast du durch deine Zielsetzung den Samen gepflanzt, durch den deine Wünsche Wirklichkeit werden können. Eine wichtige Aufgabe hast du somit schon erfüllt. Nun gilt es, diesen Samen zu gießen, und dafür gibt es ein wunderbares Mittel!

Dankbarkeit ist die beste Energie, mit der du einfach alles zum Blühen bringen kannst. Sie ist nicht nur eine allzeit verfügbare Wohlfühlqualität, sondern durch ihre positive Frequenz auch der wirksamste Manifestationsbeschleuniger für deine Wünsche.
Das Praktischste dabei ist, dass es *immer* Gründe gibt, dankbar zu sein, und dass du dieses Bewusstsein jeden Tag kultivieren kannst. Dadurch pflegst du ein inneres Bewusstsein der Fülle und ziehst automatisch immer mehr Freude in dein Leben.
Mehr als das: Dankbarkeit ist die einfachste Möglichkeit, hier und jetzt deine Schwingung zu erhöhen und dich somit auf die weise Frequenz deiner Seele einzuschwingen.

Dankbarkeit bringt dich in Einklang mit dem Fluss des Universums. Dein Leben fühlt sich dann so an, wie es gemeint ist – einfach wunderbar!

Ich gebe dir ein paar Beispiele:

- Sei gleich morgens dankbar für diesen neuen Tag und dein bequemes Bett.
- Sei dankbar für die großen Geschenke deines Lebens: deinen Körper, deine Kinder, dein Haus, deinen Beruf.
- Sei genauso dankbar für Kleinigkeiten wie die grüne Ampel und den Parkplatz vor deinem Büro.
- Sei dankbar für die frische Luft, die du atmest.
- Mach dir bewusst, wie gesegnet du bist, in diesem Land zu leben mit all seinen Möglichkeiten. Dafür können wir wirklich dankbar sein!
- Schreibe abends in einem täglichen Ritual auf, was an diesem Tag schön war: Die Sonne. Die blühenden Kirschbäume. Das nette Gespräch mit einer Kundin. Das Abendessen mit deinen Kindern. Deine Joggingrunde im Wald …

Übrigens: Auch an schlechten Tagen gibt es immer Gutes zu finden, es ist eine Frage des Fokus!

Dankbarkeit zu praktizieren ist sogar ein guter Trick, um dich aus negativen Gefühlen zu befreien. Wenn mal alles schieflaufen sollte, was auch menschlich ist, kannst du die negative Spirale ziemlich schnell in eine positive verwandeln: Konzentriere dich auf das, was trotzdem gerade Anlass zur Dankbarkeit gibt. Dem Resonanzgesetz entsprechend wirst du dann mehr davon anziehen.

Wer verstanden hat, welch positive Kraft in einer regelmäßigen Dankbarkeitspraxis liegt, wird eigenverantwortlich handeln, bewusst leben und glücklich sein.

Dankbarkeit macht magnetisch

Der Clou liegt darin, dass du nicht nur für das dankbar bist, was du momentan hast, sondern auch für das, was du verwirklichen möchtest. Stell dir also erstens vor, es sei bereits Realität, gehe zweitens ganz selbstverständlich davon aus, dass es längst verwirklicht ist, und setze als Sahnehäubchen die Dankbarkeit für diesen Zustand obendrauf.

Praktisch kannst du dieses Prinzip so anwenden, dass du deinen erwünschten Zustand in einer Formel auf den Punkt bringst und dieser deine Dankbarkeit hinzufügst.

Sage zum Beispiel einfach öfter zu dir selbst:

- Ich bin dankbar für meine glückliche Beziehung.
- Ich bin dankbar dafür, meine Berufung zu leben und einen sinnvollen Beitrag in der Welt zu leisten.
- Ich bin dankbar für die Gesundheit meiner Lieben.
- Ich bin dankbar für mein Wunschgewicht von xy Kilogramm.

Dankbarkeit bedeutet, bewusst empfangen zu können

In den letzten Kapiteln habe ich schon mehrfach darüber gesprochen, wie wichtig es ist, empfangen zu können.

Dankbarkeit zu spüren bedeutet, im Empfangsmodus für die Geschenke des Universums zu sein.

Befinden wir uns in dieser Schwingung, praktizieren wir eine sehr weibliche Energie (Seite 140), und die meisten von uns kommen dadurch in eine gesunde Balance. Hier im schnelllebigen Westen betonen wir schließlich die meiste Zeit über sehr die männliche Energie, sind ständig im Tun.

Dankbarkeit ist in meinen Augen der positivste Trend der letzten Jahre und deutet an, dass doch vielerorts das Bewusstsein zunimmt.

Wenn nicht JETZT, *wann dann?*

Carpe Diem! Wenn du mithilfe des Resonanzgesetzes das in dein Leben ziehen möchtest, was du dir von Herzen wünschst, und wenn du zu der glücklichen und erfüllten Person werden möchtest, zu der du bestimmt bist, dann solltest du dies nicht auf später verschieben.

Wichtiges auf später zu verschieben ist eine ungesunde Angewohnheit. Das Wissen darum, noch etwas Bedeutsames erledigen zu müssen, bindet unbewusst einen Teil unserer Energie. Das ist bei Kleinigkeiten genauso wie bei großen und wichtigen Lebensthemen.

Mach dir klar: Wenn du dein Glück auf später verschiebst, schlimmstenfalls auf die Zeit deiner Rente, machst du einen großen Fehler! Du nimmst dich selbst nicht wichtig genug, dabei darfst du es dir von ganzem Herzen wert sein.

Was zählt, ist immer das Hier und Jetzt. Die Vergangenheit ist vorüber, sie war unsere Schule. Die Zukunft ist noch nicht da, aber sie ist etwas, auf das wir uns freuen dürfen. Wir sollten uns die Gegenwart so angenehm wie möglich gestalten, indem wir einerseits all das schätzen, was wir momentan genießen dürfen, und gleichzeitig eine freudige Vision dessen pflegen, was wir in Zukunft leben wollen.

Mir liegt dieser Punkt des »Nicht-Aufschiebens« ganz besonders am Herzen. Warum? In meinem ersten Beruf habe ich mit vielen Menschen gearbeitet, die die Rente förmlich herbeigesehnt haben. Noch zwei Jahre, noch sechs Monate, noch ein kleines bisschen arbeiten und durchhalten, und dann fängt das schöne Leben an …

Leider waren sie dann oft beim Eintritt in den Ruhestand gesundheitlich nicht mehr in der Verfassung, ihr Leben so genießen zu können, wie sie es verdient hätten. Die Knochen waren vom jahrzehntelangen Handwerk geschunden, manche wurden sehr krank, und ich erinnere mich an einen Mann, der am ersten Tag seiner Rente einen schweren Unfall mit diversen Knochenbrüchen hatte, die es ihm erst einmal sehr schwer machten, seine verdiente Freizeit zu genießen.

Wir wissen nie, wie lange unsere Zeit hier auf Erden dauert. Lasst uns jede Minute mit Sinn erfüllen und *jetzt* leben – so bewusst wie möglich! Dazu gehört es, Umstände zu verlassen, die uns nicht glücklich machen, und mithilfe unseres Schöpferbewusstseins und des Resonanzgesetzes das Leben und das Glück zu erschaffen, das unser naturgegebenes Geburtsrecht ist.

Dein SCHRITT *zum Wohle aller*

Manchmal begegnet man immer noch dem Vorurteil, dass Persönlichkeitsentwicklung und Entfaltung – dazu zähle ich jetzt auch die Arbeit mit dem Resonanzgesetz – egoistisch seien. Dabei ist das Gegenteil der Fall! Denn:

- Wie innen, so außen: Deine eigene Heilung trägt zur Heilung der Welt bei.
- Deine Eigenverantwortung steigert das Verantwortungsbewusstsein des großen Ganzen.
- Je mehr du ein Schöpferbewusstsein kultivierst, desto mehr Gutes kannst du in der Welt bewirken und manifestieren.
- Je heller dein Licht strahlt, desto eher wirst du durch das Resonanzgesetz andere an ihr eigenes Licht erinnern.
- Je bewusster und klarer du wirst, desto mehr wirst du deine Verbundenheit mit allem erkennen, und dein Wunsch wird wachsen, deine Berufung zu leben und das große Ganze zu bereichern.

Angenommen, du bist in deinem Angestelltenjob unglücklich, vielleicht erkennst du den Sinn in deiner Arbeit nicht. In dir schlummert der Herzenswunsch, dich mit dem, was dich innerlich ruft, selbstständig zu machen. Doch bislang hast du dich nicht getraut, und dein Brotjob gibt dir ja auch viel Sicherheit. Du wartest und wartest und verschiebst den Schritt auf später, obwohl sich in dir etwas so sehr nach dem Neuen sehnt.

Mach dir Folgendes klar: Wenn du es zu lange hinauszögerst, deine Berufung zu leben, entgeht den Menschen, die deine Hilfe brauchen könnten, eine wertvolle Möglichkeit!

Gib dir einen liebevollen Schubs, wage den Schritt und vertraue darauf, dass das Universum dich unterstützen wird!

Den Schritt aus der Komfortzone wagen

Manchmal wissen wir noch nicht genau, was auf den Schritt ins Unbekannte folgt, aber wir fühlen uns magisch in eine bestimmte Richtung gezogen.
Wenn sich dein Herz dabei weit anfühlt und du eine Freude und ein Empfinden von Einklang hast, ist es deine Seele, die dich ruft.
Sei gewiss, dass das Universum dich unterstützt, wenn du Schritte aus deiner Komfortzone wagst. Dies gehört dazu, wenn wir wachsen wollen! Wenn wir nicht öfter mal Neues wagen und aus unserer altbekannten Komfortzone treten, ist es schwierig, Neues zu manifestieren. Sei es dir wert und verschiebe das Wesentliche nie auf später! Dann wirst du mit dem Fluss des Lebens schwimmen, und dein Leben wird sich in seiner höchsten Form entfalten – zum Wohle aller!

»Springe,
und das Netz wird erscheinen.«

Julia Cameron

Wünsche wandeln sich

Natürlich werden sich im Laufe deines Lebens und Wachstums deine Wünsche verändern. Als junger erwachsener Mensch sind dir vermutlich andere Aspekte wichtig als später mit Familie oder in der Lebensmitte. Das ist ganz normal.

Ich rate dir, einfach mit dem Fluss zu gehen und immer wieder neu Klarheit darüber zu gewinnen, was du in nächster Zeit möchtest.

Angenommen, du beschäftigst dich mit Persönlichkeitsentwicklung und berätst selbst Klienten in diesem Bereich. Je mehr du wächst und je bewusster du wirst, desto mehr verändert sich dadurch auch deine Arbeit. Durch das Resonanzgesetz ziehst du immer mehr Klienten an, die deiner veränderten Schwingung entsprechen. Von Zeit zu Zeit wirst du deinen Wunschkunden neu definieren und vielleicht auch den Schwerpunkt deiner Arbeit neu setzen. Du hast selbst ein neues Level erreicht und merkst, dass du dir neue Aufgaben und Herausforderungen wünschst.

Überprüfe in regelmäßigen Abständen – zweimal im Jahr – deine Ziele und Wünsche auf ihre Aktualität.

Nimm dir die Liste, die du zuletzt ausgefüllt hast, betrachte deine Worte und spüre in deinen Körper hinein. In der Regel bleibt die Richtung die gleiche – es gibt meist so eine Art Überschrift, die mit deiner Berufung zu tun hat –, aber die Details ändern sich schon mal, manches verabschiedet sich, dafür kommt Neues hinzu.

Übe dann weiterhin, einen klaren Fokus zu halten und konsequent deine Wünsche zu verfolgen. Lege dich auf gesunde Weise fest, dann werden sie sich mithilfe des Resonanzgesetzes verwirklichen.

DAS GESETZ DER ANZIEHUNG IN DER PRAXIS

Genieße die volle UNTERSTÜTZUNG *des Universums*

Die Ausrichtung auf Leichtigkeit, Freude und deine Berufung sorgen dafür, dass du an den universellen Strom von Energie und Unterstützung angeschlossen bist, der im Hintergrund unser aller Leben steuert.

Sei gewiss, dass das Universum es stets gut mit dir meint und dich voll und ganz unterstützt! Wenn du dein Leben und Wirken so ausrichtest, dass du in Harmonie mit deinen persönlichen Zielen das Wohl des großen Ganzen im Sinn hast, werden sich Türen zu neuen Räumen öffnen, von denen du früher nie zu träumen gewagt hättest. Denken wir wieder an den anfänglichen Vergleich, dass dieses Leben in Wahrheit ein großes Spiel ist. Je mehr wir uns an die Regeln dieses Spiels erinnern – und das Resonanzgesetz ist die wichtigste –, desto eher kommt unser Leben in Fluss, so wie es gedacht ist. Wir werden uns zunehmend unserer universellen Verbundenheit bewusst, der Tatsache, dass alles, was wir denken, aussenden und tun, auf uns selbst zurückfällt, im Guten wie im Schlechten.

Wir haben die Möglichkeit, durch unser inneres Licht und unser Wirken das große Ganze zu erhellen und zu bereichern, und je mehr wir das tun, desto mehr Kraft, Liebe und Unterstützung schenkt uns das Universum in jeder Minute unseres Lebens.

Erschaffe *dein passendes* UMFELD

Nachdem du intuitiv Klarheit gewonnen hast über deine persönlichen Wünsche, deine Berufung und deine seelischen Ziele in diesem Leben, ist es ganz wichtig, dir ein passendes Umfeld für deren Realisierung zu schaffen.

Denke an den Samen, der im Frühjahr gesät wird, um zu einer wunderbaren Pflanze heranzuwachsen. Er braucht einen passenden Boden, Pflege und Düngung, um optimal zu gedeihen. Genauso ist es in deiner persönlichen Entwicklung.

Wenn du positive Visionen hast und innere Bilder von deiner Zukunft, die dir ein freudiges Gefühl schenken, wird ein Umfeld, das dieser Schwingung entspricht, die tatsächliche Realisierung dieser Vision beschleunigen.

Praktisch bedeutet dies, dass du dich mit gleichgesinnten Menschen umgibst und möglichst einen Großteil deiner Zeit die Verbindung zu deiner Vision spürst und pflegst. Denn so wird das Resonanzgesetz dafür sorgen, dass deine angestrebte Realität immer mehr zu deiner tatsächlichen Wirklichkeit wird.

Ein passendes menschliches Umfeld mit einer positiven Schwingung hebt dich empor, wogegen anders denkende und fühlende Personen möglicherweise unbewusst dein Wachstum verhindern oder dich sogar klein halten. Dahinter muss nicht einmal eine böse Absicht stecken, dennoch hält es dich auf. Es heißt, dass die fünf Menschen, mit denen wir die meiste Zeit verbringen, sehr viel über uns selbst aussagen. Im Hinblick auf das Resonanzgesetz ergibt das Sinn, denn diese Menschen wären nicht in unserem Leben, wenn nicht etwas in uns mit ihnen in Resonanz stünde.

Durch persönliches Wachstum aber verändern wir uns, bewegen uns aus alten Komfortzonen heraus – ähnlich wie eine Pflanze dem Licht entgegenwächst. Unsere Resonanzfähigkeit verändert sich somit auch. Der Kontakt mit Menschen, die schon da sind, wo du hinmöchtest, hilft dir zum Beispiel sehr bei der Manifestation deiner Wünsche.

Das heißt natürlich nicht, dass du jetzt auf einmal lieben Menschen den Rücken kehren sollst, aber es bedeutet:

Sei es dir wert, dich in einem positiven und nährenden Umfeld zu bewegen. Suche Kontakt mit Menschen, die dich inspirieren und unterstützen.

Laura

Laura hatte schon immer ein ausgeprägtes Interesse an Spiritualität und Persönlichkeitsentwicklung. In ihrer Anstellung als Physiotherapeutin genoss sie ein sicheres Einkommen und eine gewisse Routine. Sie mochte ihren Job zwar, träumte aber schon längere Zeit davon, sich selbstständig zu machen und eine eigene Praxis zu eröffnen. Dort hätte sie im Gegensatz zu ihrer Tätigkeit in der Klinik die Möglichkeit,

neben manueller Therapie auch energetische Behandlungen anzubieten und ihre spirituellen Überzeugungen in ihre Arbeit mit einfließen zu lassen.
Ihre Familie und ihr Partner jedoch hielten nichts von dieser Idee und rieten ihr, die sichere Anstellung zu behalten. Schließlich verdiene sie dort gut, und eine berufliche Selbstständigkeit sei ja mit Risiken verbunden, die man nicht absehen könne.
Laura verstand diese Argumente und versuchte, ihre Sehnsucht immer wieder zu verdrängen. Doch ihre Unzufriedenheit wuchs. Immer wieder erkannte sie – als feinfühlige Seele – bei ihren Patienten, dass energetische Blockaden und emotionale Probleme deren körperliche Beschwerden und Symptome verursachten. Doch sie war vom Arbeitgeber in einen straffen Zeitplan eingebunden und konnte in den zwanzigminütigen Behandlungsintervallen nur die Spitze des Eisbergs behandeln. Sie wurde immer frustrierter, und ihre Freude an der Arbeit nahm ab.
Im Internet begann sie sich nach neuen Möglichkeiten umzuschauen. Auf einer Coaching-Plattform stieß sie auf folgende Fragen, die sie innehalten ließen:

Was brauchst du, um der Mensch zu sein, der du in Wahrheit sein möchtest? Was fehlt dir, um deine Berufung zu leben?

Jetzt wurde Laura alles klar. Intuitiv erkannte sie, dass dringend eine neue Aufgabe auf sie wartete, doch ihr fehlten einfach Gleichgesinnte, mit denen sie ihre Überzeugungen teilen konnte und die sie in ihren Plänen bestärkten. Sie begann zu handeln. Ohne ihre kritisch eingestellten Familienangehörigen zu informieren, vereinbarte sie einen Termin bei der Gründerberatung und schloss sich online einer Mastermind-Gruppe für Frauen auf dem Weg in die Selbstständigkeit an. Dort traf sie auf viele Gleichgesinnte, die sie um Feedback zu ihren Ideen bitten konnte. Ihre Pläne bekamen nun endlich den Rückenwind, den sie so lange vermisst hatte.
Die nächsten Schritte kamen wie von selbst. Abends nach Feierabend durchforstete Laura die lokalen Anzeigen nach geeigneten Praxisräumen und erstellte einen Businessplan. Sie sprach nur noch mit Freunden, durch die sie sich bestärkt fühlte, und prompt bot ihr einer an, ihr eine Webseite zu erstellen. Jetzt, da sie ins Handeln kam, schien das Universum ihr an jeder Ecke Türen zu öffnen und sie zu unterstützen.
Ein Jahr später unterhielt Laura eine wachsende Praxis, in der sie sowohl als Physiotherapeutin als auch als Heilerin tätig war.
Die Hürden und Fragen, die am Anfang jeder Selbstständigkeit stehen, hatte sie durch ihren Mut, ihre Entscheidung und mit der Unterstützung Gleichgesinnter erfolgreich gemeistert. Das passende Umfeld zu erschaffen hatte ihr den Schritt aus der Komfortzone deutlich erleichtert.

Ein förderliches Umfeld manifestieren
WAS BRAUCHST DU ZUM WACHSEN?

Praxisanleitung

- Nimm einen Stift und Papier und notiere, welche Qualitäten du dir von deinem persönlichen Umfeld wünschst. Stell dir die gleichen Fragen wie Laura im vorigen Beispiel:
  »Was brauche ich, um der Mensch zu sein, der ich in Wahrheit sein möchte? Was fehlt mir, um meine Berufung zu leben?«
  »Welche Qualitäten wünsche ich mir von meinen Mitmenschen?«
  »Von welchen Menschen fühle ich mich inspiriert und bestärkt, und wo kann ich diese Menschen treffen?«

Das passende Umfeld besteht natürlich auch aus weiteren Aspekten. Wichtig für deine positive Schwingung sind zum Beispiel der Ort und die Räumlichkeiten, in denen du dich aufhältst.

- Visualisiere, wie dein passendes Umfeld idealerweise aussehen soll. Achte auf die Umgebung, Farben, Architektur, Helligkeit und dein Gefühl dabei.
  Vertraue darauf, dass dir deine Intuition die passenden Bilder zeigen wird!

Umfeld für Hochsensible

Für empfindsame Menschen ist ein nährendes Umfeld besonders wichtig.
Viele Menschen sind hochsensibel und haben gelernt, ihre Empfindsamkeit herunterzudrosseln, weil sie etwa im Beruf gut funktionieren müssen. In einer ruhigen Umgebung atmen sie auf und finden wieder gut zu sich selbst.

Respektiere deine feinen Antennen, anstatt dein Herz im falschen Umfeld zu verschließen!
Es ist wichtig, dass du dich möglichst einen Großteil deiner Zeit in einem dir gemäßen, wohltuenden Umfeld aufhältst.
Und nimm deine hohe Sensibilität an, denn sie ist ein Geschenk!

Lichtdurchflutete Räume in der Stadt deiner Träume werden dein Befinden auf ein ganz neues Level heben.
Frage dich: »Wo und in welcher Umgebung will ich leben, wie fühle ich mich dort? Auf dem Land, am Meer oder in der Stadt? Wie soll es dort genau aussehen, wo ich arbeite?«
Was kannst du schon heute tun, um dich diesem Umfeld anzunähern?
Zum Beispiel: einen Kaffee trinken gehen in dem Stadtviertel, wo du leben möchtest; ein Visionboard basteln mit Bildern, die das Umfeld zeigen, das du dir vorstellst.

- Was kannst du sonst noch tun, um deine Schwingung in dieser Richtung anzuheben?
  Zum Beispiel: passende Bücher kaufen, die dich motivieren und informieren; dich einer Mastermind-Gruppe anschließen …

Sei ein bewusster Gärtner

Ich empfehle dir, in deinem Manifestationsprozess immer das Bild des Säens im Garten vor Augen zu haben. Was brauchen deine Pflanzen, um zu gedeihen? Welchen Boden, welche Düngung? Vielleicht eine Rankhilfe, an der sie wachsen können, und außerdem Schutz vor äußeren Einflüssen?
Beschütze deine Pflänzchen, schenke ihnen die besten Rahmenbedingungen, Licht und Liebe! Sei eine engagierte Gärtnerin, damit sie wachsen und gedeihen können. Baue ein positives und nährendes Umfeld auf, und hab Freude an deinem wunderbaren, wachsenden Garten.
Um das Bild noch etwas auszubauen: Wenn du die Gärtnerin bist, dann kannst du selbst entscheiden, was genau du gießt und auf welche Weise du gärtnerst. Auf dein Leben übertragen bedeutet das, weise mit deiner Energie umzugehen und sie wirklich fokussiert und ganz bewusst einzusetzen.
Deine Aufmerksamkeit, dein Engagement und Fokus sind wertvoll! Also verzettele dich nicht!

Gib nur den Aspekten deine Aufmerksamkeit, die stimmig für dich sind – gieße nicht das Unkraut!

Wie du dein ENERGIELEVEL *erhöhst*

Du wirst umso erfolgreicher und schneller manifestieren, je höher dein persönliches Energielevel ist. Denn Erfolg folgt der Freude! Deshalb ist es sehr wichtig, dass du jeden Tag ganz bewusst deine Energie auf eine hohe Schwingungsfrequenz bringst.

Vorbei die Zeiten im Hamsterrad – willkommen Schöpferbewusstsein!

Je mehr wir erkennen, wie wir selbst Einfluss auf unser Leben und Wirken nehmen können, und je bewusster wir uns unserer Verantwortung sind, desto besser können wir uns positiv ausrichten. Mehr noch: Wir erkennen die Notwendigkeit!

Denn nur wenn wir uns in unserer »Genie-Zone« befinden – und damit meine ich einen Zustand der Freude und des Wohlbefindens –, können wir die Welt bereichern und zu einem besseren Ort machen.
Je höher deine Energie und dein Bewusstsein sind, desto mehr kannst du geben!

Der Schlüssel heißt Selbstliebe.

Deine Energie hochzuhalten und gut für dich zu sorgen bedeutet, gesunde Selbstliebe zu leben. Du wirst immer deutlicher erkennen, dass du es dir wert bist und dich nicht mit weniger zufriedengeben musst.

Die drei Stufen der Selbstliebe

1. Am Anfang der Selbstliebe steht die emotionale Heilung. Denn wenn es uns gelingt, liebevoll all das in uns anzunehmen, was uns zuvor blockiert hat, wird uns automatisch die bisher gebundene Energie zugeführt. Emotionales Bewusstsein erhöht unser Energielevel deutlich.

2. Im zweiten Schritt bedeutet Selbstliebe, unsere Bedürfnisse und Intuition deutlicher wahrzunehmen und ihnen zu folgen. Durch emotionale Heilung wirst du die Stimme deiner Seele immer deutlicher vernehmen.

3. Auf der dritten Stufe der Selbstliebe wirst du dein Leben entsprechend deiner Wahrheit neu gestalten, und dein Energielevel wird dadurch automatisch ansteigen. Du wirst beruflich und privat keine faulen Kompromisse mehr machen, sondern der Leichtigkeit folgen und dem, was sich gut anfühlt – einfach weil du deinen wahren Wert erkannt hast und diesen mit der Welt teilen möchtest.

Bist du in der Selbstliebe, wirst du durch das Resonanzgesetz auch Menschen anziehen, die sich auf einem ähnlichen Weg befinden. Dein Umfeld wird sich wandeln, und möglicherweise passt manches aus deiner Vergangenheit nun nicht mehr. Vertraue dem Fluss des Lebens, denn du wirst Neues anziehen, das zu deiner veränderten, positiven Schwingung passt.

Wie du dein körperliches Energielevel erhöhst

Unser Körper ist gewissermaßen das ausführende Organ unserer Seele im Spiel dieses Lebens. Damit unsere Seele gut durch ihn wirken kann, sollte er sich in einem vitalen Zustand befinden – ganz unabhängig von unserem Alter.

- **Entwickle eine Sensibilität für die Bedürfnisse deines Körpers!** Was hebt die Schwingung deines Körpers an? Welche Bewegung tut ihm gut? Durch welche Ernährung fühlst du dich leicht und gestärkt? Welche Umgebung lässt dich produktiv arbeiten und dich entspannen? Welche Rituale helfen dir, täglich deine Schwingung anzuheben?

- **Kultiviere jeden Tag ganz bewusst Rituale!** Ein paar Yoga-Sonnengrüße am Morgen, achtsam eingenommene gesunde Mahlzeiten, regelmäßiger Sport im Grünen – eine gesunde Disziplin wird dir helfen, körperlich in Fluss zu kommen und ungeahnte körperliche Energien zu mobilisieren. Feste Zeiten werden dir helfen, deine Routinen im Alltag zu etablieren. Und all das wird dir so guttun, dass du nicht mehr darauf verzichten möchtest!

Wie du dein emotionales Energielevel erhöhst

- **Folge der Freude!** Glaube mir, es ist egal, wo du gerade stehst oder wie eingebunden in Verpflichtungen du dich momentan fühlst. Es ist deine Entscheidung, deinen Fokus auf Fülle und Freude zu lenken. Du hast immer die Wahl. Allein durch diese Entscheidung bindest du dich an die Unterstützung des Universums an und wirst durch das Resonanzgesetz mehr Freude anziehen. Was nicht mehr zu dir und deiner Schwingung passt, wird von dir abfallen wie welkes Laub im Herbst.

- **Konzentriere dich auf das, was dich unterstützt!** Auch dadurch erhöhst du dein emotionales Energielevel. Denn je mehr du dich gestärkt fühlst, desto mehr wirst du dir die Erlaubnis geben, du selbst zu sein. Verabschiede dich selbstbewusst von allem, was dich in der Vergangenheit Kraft gekostet hat.

Wenn du deine Schwingung anhebst, indem du der Freude folgst und Unterstützung und Stärkung in deinem Leben empfindest, kann es sein, dass sich alte Wunden aus deiner Vergangenheit zeigen. Keine Sorge, das ist ein gutes Zeichen! Je mehr Licht in dein Leben kommt, desto mehr alte Schatten kannst du integrieren, was dann wiederum deine Energie auf ein neues Level heben wird. Bewusstsein bringt Licht in die dunklen Ecken deines Unterbewusstseins und macht dir verdrängte Gefühle bewusst. Emotionales Wachstum geschieht in Wellenbewegungen. Durch dein sich ausdehnendes Bewusstsein wirst du immer mehr integrieren und die Lernessenz dieser alten Erfahrungen verinnerlichen können.

Wie du dein spirituelles Energielevel erhöhst

Auch auf seelisch-spiritueller Ebene kannst du dein Energielevel erhöhen, und dies wird deine Schwingung um ein Vielfaches anheben! Stell dir vor, dass dein Körper und dieses Leben als Mensch ein momentaner Ausdruck deiner Seele sind, praktisch die Spitze des Eisbergs. Deine weise Seele kennt dein wunderbares, großes Potenzial, das in diesem Leben darauf wartet, geweckt zu werden. Je besser und intensiver die tägliche Verbindung zu deiner Seele ist, desto mehr Energie, Führung und Liebe schickt sie dir in dein Leben als Mensch.

- **Meditiere regelmäßig!** Die einfachste Methode, dich mit deiner Seele und dem Universum zu verbinden, ist tägliche Meditation. Richte den Blick nach innen auf eine Art, die dir gefällt, und entwickle eine tägliche Routine darin. Zum Beispiel könntest du dich morgens nach dem Aufwachen für 15 Minuten in deinem Bett hinsetzen und dich innerlich »mit oben« verbinden. Fühle dabei immer auch deinen Körper, denn in ihm wohnt deine Seele und ist nicht etwa von ihr getrennt.

Du wirst deine Meditationspraxis nach einer Weile lieben und vielleicht auch abends oder zwischendurch in der Natur meditieren wollen. Selbst durch kurze achtsame Momente im Alltag, in denen du einfach innehältst und deine Augen schließt, kannst du »spirituell auftanken«. Keine Sorge, falls du befürchten solltest, abzuheben: In der Ausrichtung auf das Resonanzgesetz und deine Lebensaufgabe kannst du sehr spirituell und gleichzeitig sehr bodenständig und geerdet sein.

»Sich selbst zu lieben ist der Beginn einer lebenslangen Romanze.«

Oscar Wilde

Werde *bewusst zum* MAGNETEN

Die bewusste Manifestationsarbeit mithilfe des Resonanzgesetzes hat viel mit Magnetismus zu tun. Denn je fokussierter und klarer du in Kontakt mit deinen Wünschen bist, je mehr du eine schwingungsmäßige Übereinstimmung mit diesen ausstrahlst, desto magnetischer ziehst du deren Verwirklichung in deine Realität.

Was du suchst, sucht auch dich!

Visualisiere einen Magneten, oder vielleicht hast du zu Hause auch einen echten, mit dem du ein wenig experimentieren kannst.
Lege ihn auf den Tisch und dann ein paar Nägel in die Nähe. Bewege den Magneten in Richtung der Nägel – und schwups wirst du sehen, wie diese ohne Wenn und Aber vom Magneten angezogen werden und an ihm kleben. Es geht gar nicht anders!

Das Resonanzgesetz funktioniert genauso sicher und garantiert, dass du genau das in dein Leben ziehst, was du gerade ausstrahlst. Wichtig sind deshalb ein bewusster täglicher Fokus und die Bereitschaft, aus dem zu lernen, was das Leben dir jeden Tag spiegelt!

Stell dir von nun an tatsächlich vor, du und dein Körper wären ein physischer Magnet. Lade dich täglich mit den Qualitäten auf, die du dir in deinem Leben wünschst! Atme sie schon ein, wenn du am Morgen aufwachst, und schicke sie in jede deiner Zellen. Wenn du ein Bad nimmst, stell dir vor, dass du regelrecht in der Energie schwimmst und sie durch und durch in dich aufnimmst. Wenn du unter der Dusche stehst, lass dich davon berieseln!

Lebe und kultiviere die Qualitäten deiner Wünsche unbedingt selbst

- Gib Wertschätzung, wenn du dir mehr von außen wünschst.
- Mach anderen großzügig Geschenke, wenn du selbst vom Leben beschenkt werden möchtest.
- Sei anderen gegenüber aufmerksam, wenn du dir selbst mehr Aufmerksamkeit von anderen wünschst.
- Sei dir deines eigenen Wertes bewusst, wenn du mehr Geld anziehen möchtest.

Denn: Wie innen, so außen! Das Leben kann gar nicht anders, als dir genau das zurückzuliefern, was du selbst ins Universum ausstrahlst.

»Es gibt nichts Gutes, außer:
Man tut es!«

Erich Kästner

Komm ins Handeln!

Bislang haben wir uns in diesem Buch vor allem mit dem Verständnis des Resonanzgesetzes und der geistigen und emotionalen Vorarbeit im Prozess der Manifestation beschäftigt. Dies ist sozusagen die »weibliche«, kreative Komponente in der bewussten Anwendung des Resonanzgesetzes.

Jetzt geht es natürlich darum, ins Handeln zu kommen und aktive Schritte zur Umsetzung deiner Ziele zu gehen. Dies ist der »männliche« Teil des Prozesses.

Je klarer du durch deine vorangegangene innere Arbeit ausstrahlst, was du manifestieren möchtest, desto selbstverständlicher wird dir das Universum diese Schritte präsentieren.

Du wirst ein natürliches Bedürfnis empfinden, entsprechend zu handeln.

Genauso, wie Mann und Frau sich als Paar ergänzen, braucht es die männliche und weibliche Komponente in der bewussten Arbeit mit dem Resonanzgesetz (Seite 140).

Vom Wünschen und Vorstellen allein verwirklicht sich das gewünschte Ergebnis selten, genauso wie durch Aktionismus ohne inneren Fokus das Universum keine guten Ergebnisse liefern kann.

Schau also nun, welche Handlungsschritte dich rufen – und dann: Kremple die Ärmel hoch und stürz dich ins Tun!

Alles, was du in Übereinstimmung mit deiner Berufung und geführt von deiner Seele unternimmst, wird sich leicht anfühlen und nicht wie Arbeit.

Wenn du dich zum Beispiel im Sinne deiner Berufung selbstständig machst und damit einhergehend vieles organisieren und Kunden akquirieren musst, ist natürlich objektiv gesehen eine Menge zu tun. Du wirst jedoch dabei andere Qualitäten wahrnehmen als die Anstrengung, die leider viele Menschen tagtäglich in ihren Jobs empfinden.

Immer noch kursiert in den Köpfen eine ungesunde Definition von Arbeit, nämlich die Idee, dass diese »schwer« sein müsse und man sich deswegen am Feierabend, Wochenende und im Sommerurlaub davon »erholen« müsse.

Handlungen, die du in Übereinstimmung mit deiner Seele zum Wohle aller vollziehst, sind selten anstrengend, dafür umso erfüllender!

Es handelt sich dabei um Arbeit auf die »weibliche« Art.

Beispiele, wie du ins Handeln kommst

- Du wirst auf Seminare und Weiterbildungsmöglichkeiten aufmerksam, die dich magisch anziehen. Melde dich an! Du wirst Unterstützung bei der Finanzierung finden.

- Besuche Gründer-Workshops und beantrage Starthilfe für deine Selbstständigkeit, wenn du dich dazu berufen fühlst.

- Wenn du dich inspiriert fühlst zu schreiben, erstelle Artikel oder ein Exposé des Buches, das dir vorschwebt. Sende deine Texte an Redaktionen und Verlage.

- Du triffst Menschen und Gelegenheiten, die dir mögliche nächste Schritte eröffnen und erleichtern. Ergreife diese Chancen, wenn sie sich gut anfühlen, zögere nicht!

- Wenn du dir eine erfüllte Partnerschaft wünschst, lebe selbst die erwünschten Qualitäten. Melde dich aktiv in einer Dating-Plattform an oder begib dich an Orte, wo du einen solchen Partner treffen kannst. Verabrede dich mit potenziellen Partnern und höre auf dein Bauchgefühl!

- Wenn du mithilfe des Resonanzgesetzes bessere Gesundheit und größeres Wohlbefinden manifestieren möchtest: Ergreife entsprechende Maßnahmen! Gehe zum Heilpraktiker oder Ganzheitsmediziner, nimm Ernährungsberatung in Anspruch und stell deine Ernährung um. Handle!

- Gehe raus zum Sport! Allein vom Visualisieren deines Traumkörpers schmelzen die Pfunde nicht, das wissen wir …

Affirmationen & Co.: Kreative RESONANZBOOSTER

In diesem Kapitel möchte ich dir einige wirksame Techniken vorstellen, die dir dabei helfen, erfolgreich zu manifestieren. Schau, was davon dich persönlich anspricht, denn jeder von uns hat andere Vorlieben: Während der eine auf die Anwendung von Affirmationen schwört, liebt der andere es, seine Ziele lebhaft zu visualisieren. Oder du erstellst dir einfach deinen persönlichen Mix an Resonanzboostern, die du täglich nutzt. Du wirst Freude dabei haben!

Affirmationen in Wort, Bild und Ton

Eine Affirmation ist ein positiver, in der Gegenwartsform formulierter Satz, der deinen Wunsch ganz klar auf den Punkt bringt. Dieser Satz ruft meist ein freudiges Gefühl in dir hervor und bestärkt die Wahrheit dessen, was er zum Ausdruck bringt.
Die Zauberformel dabei heißt: »Ich bin …«
Versuche, Affirmationen im Sinne deines Potenzials und deiner Wünsche zu formulieren, über die dir deine Visionen Aufschluss geben.
Sage dir zum Beispiel: »Ich bin dankbar, Medizin zu studieren, und sehe mich schon als erfolgreiche Ärztin«, wenn du Medizin studierst und den Menschen auf diese Weise helfen möchtest.
Wenn es dein Traum ist, zu schreiben und zu inspirieren, könnte deine Affirmation lauten: »Ich bin eine glückliche Schriftstellerin und inspiriere meine Leser.«

Du kannst Affirmationen auch nutzen, wenn du kleine praktische Angelegenheiten des Lebens lösen möchtest. Beim Autofahren suggerierst du dir zum Beispiel freudig: »Ich finde sofort einen Parkplatz!«

Lass dich überraschen, wie das Resonanzgesetz dich unterstützt. Das Universum liebt es, dich auch in Kleinigkeiten des Lebens zu unterstützen!

Affirmationen kannst du nutzen, um dir einfach eine positive Einstellung zu eigen zu machen – stets in Richtung Fülle, Liebe, Freude und Wachstum.

Hier ein paar Beispiele für positive Affirmationen

- Ich lebe bewusst im Hier und Jetzt. Ich lasse alles los, was mir nicht mehr entspricht, und empfange Neues, Besseres.
- Freudig spüre ich meine innere Kraft und bringe sie in allen Aspekten meines Lebens zum Ausdruck.
- Klar und selbstbewusst äußere ich meine Wahrheit. Dadurch ziehe ich Menschen an, die zu mir passen.
- Ich liebe es, aus vollem Herzen zu geben und zu empfangen.
- Ich nehme mir die Freiheit, meinem Herzen zu folgen. Meiner inneren Freiheit folgt äußeres Glück.

- Ich liebe das Leben, und das Leben liebt mich.
- Ich fühle mich innerlich und äußerlich reich. Ich bin es mir wert, in Fülle zu leben mit allem, was ich mir wünsche.
- Ich achte alle meine Gefühle als meine Lehrer und Wegweiser.
- Ich lebe, liebe und arbeite mit Freude. Ich bin mit ganzem Herzen bei der Sache.
- Ich bin offen für all die schönen Dinge des Lebens. Mit allen Sinnen genieße ich jeden Tag.
- Ich bin bereit, meine wahre Berufung zu erkennen und zu leben. Dankbar erkenne ich alle Zeichen, die das Leben mir schickt, und folge ihnen.
- Ich vertraue meiner inneren Führung. Ich weiß, was gut für mich ist, und handle entsprechend.

Aber Vorsicht: Du solltest Affirmationen nicht benutzen, um die Realität zu überschreiben!

Angenommen, du hast Übergewicht und sagst dir immer wieder: »Ich wiege 60 kg und bin frei und glücklich.«
Dann wirst du eventuell nicht abnehmen und dieses Ziel manifestieren, sondern vielleicht sogar noch zunehmen! Denn möglicherweise sind deine Pfunde Ausdruck ungefühlter Emotionen, die erst mal bejahend gefühlt und angenommen werden möchten, bevor sie gehen können. Mit der zitierten Affirmation blockierst du deine Wahrheit.

Formuliere Affirmationen stets im Sinne von Annahme und Integration.

Wenn du dir wie im eben genannten Beispiel eine schlanke Figur wünschst, nimm dich erst einmal liebevoll an mit allem, was da gerade in und an dir ist. Wie wäre es mit folgenden, authentischeren Affirmationen?
»Ich nehme mich liebevoll an. Dadurch werde ich immer mehr ich selbst und fühle mich immer wohler in meinem Körper. Veränderung geschieht, indem ich gut zu mir selbst bin.«

Magische Mantras

Magische Mantras sind eine weitere Möglichkeit, die gewünschten Ziele und Qualitäten in dir zu verstärken. Du bringst sie hier ganz einfach in einem einzigen Wort auf den Punkt.

Wie du Affirmationen anwenden kannst

- Aufschreiben
- Aufsagen oder vor dich hin singen
- Als Audionotiz mit dem Smartphone aufnehmen und dir vorspielen

Führe dir dabei vor Augen, dass es im Leben immer um eine Entwicklung von … hin zu … geht, letztlich immer vom Mangel hin zur Fülle.

Erinnern wir uns: Das Leben ist eine Schule der Dualitäten. Wir lernen durch den negativen Pol, in den gegenteiligen positiven Pol zu kommen.

- Wenn du **Angst** hast, ist es deine Aufgabe, Vertrauen zu lernen. Dein magisches Mantra ist dann das Wort »**Vertrauen**«.
- Wenn du **Schmerz** fühlst, der dein Herz verschließt, geht es darum, wieder in die Liebe zu kommen. Dein magisches Mantra lautet dann »**Liebe**«.
- Wenn du **Mangel** empfindest, geht es darum, in die Fülle zu gelangen, Reichtum zu empfinden und zu manifestieren. Deine magischen Mantras sind dann »**Fülle**« und »**Reichtum**«.
- Wenn du **Alleinsein** empfindest, geht es darum, in Verbindung zu kommen. Dein magisches Mantra lautet dann »**Verbindung**«.
- Wenn du dich **unzulänglich** fühlst, ist es deine Aufgabe, deinen Wert zu erkennen. Dein magisches Mantra ist dann »**wertvoll**«.

Mit deinem magischen Mantra kannst du auf verschiedene Weise arbeiten: Du kannst es vor dich hin summen. Du kannst kreativ sein und es aufmalen und mit Farben gestalten. Du kannst meditieren und es dabei in deinem Geist ständig wiederholen.

Wie lautet dein magisches Mantra?

Oder hast du gleich mehrere? Ich empfehle dir, dich an dieser Stelle zu fragen, welches dein »Kern-Lebensthema« ist, dein tiefster Schmerz, deine Angst, die dir möglicherweise immer wieder begegnet. Wir alle haben so ein Thema, und es ruft uns auf, zu wachsen und genau die Qualität zu integrieren, zu der es uns führen möchte.

Dein magisches Mantra im Alltag

Du hast nun viele Möglichkeiten, wie du mit deinem magischen Mantra arbeiten kannst.

- Sage es dir immer wieder vor.
- Summe es vor dich hin.
- Schreibe es auf und hänge es über deinen Schreibtisch, an deinen Badezimmerspiegel und klebe es auf dein Notizbuch und deinen Kalender.

- Nutze es in deiner Meditation.
- Schreibe es auf ein kleines Steinchen, das du in deiner Hosen- und Handtasche bei dir trägst, sodass dein Blick immer wieder darauf fällt.

Indem du dein Mantra täglich nutzt und so verinnerlichst, wirst du durch das Resonanzgesetz die erwünschte Qualität in dir selbst und deinem Leben verstärken und so auch immer mehr im Außen anziehen.

Die Kraft der Visualisierung

Unser Unbewusstes reagiert ganz stark auf Bilder. Deshalb ist es wichtig, dass du eine klare bildliche Vorstellung dessen entwickelst, was du zu deiner Realität machen möchtest.

Im zweiten Teil des Buches habe ich dazu angeregt, dir ein Visionboard zu basteln, eine Visionstafel, auf die du Bilder, Fotos und Worte klebst, die deine Ziele zum Ausdruck bringen (Seite 90). Wenn du dieses Visionboard gut sichtbar in deiner Wohnung aufhängst und jeden Tag betrachtest, werden sich die Bilder in deinem Unbewussten einprägen, und es erhält so eine Richtschnur, wo es hingehen soll.

Visualisieren mit allen Sinnen

GENIESSE DEINE VISION

Praxisanleitung

Visualisierungen kannst du auch prima in deiner Meditation anwenden.

- Setze dich aufrecht hin, spüre deinen Atem und deinen Körper und komme langsam zur Ruhe. Gib dir Zeit.
- Lass dann vor deinem inneren Auge lebhafte Bilder oder sogar einen Film dessen entstehen, was du anstrebst. Je bunter und lebendiger deine inneren Bilder sind, desto besser!
- Fühle ganz bewusst, welche Emotionen dies in dir wachruft. Vielleicht musst du automatisch lächeln?
- Nimm mit allen Sinnen ganz bewusst wahr, was die Visualisierung in dir auslöst. Vielleicht hörst du auch innerlich dazu passende Geräusche, siehst, riechst oder schmeckst förmlich deine Eindrücke … Genieße es!

Je häufiger du das machst, desto realer wird dir die Situation erscheinen. Damit schaffst du die optimalen Voraussetzungen für die physische Manifestation!

Finde dein Symbol

Genauso wie du bei der Methode des magischen Mantras eine Affirmation praktisch auf ein einziges Wort »herunterschrumpfst«, kannst du bei Visualisierungen ein komplexes Bild auf ein einziges Symbol reduzieren.
Frage dich dazu: »Was ist die Essenz dessen, was ich mir bildlich vorstellen will? Was könnte ein optisches Symbol für mein magisches Mantra sein?«
Bei den auf Seite 121 genannten magischen Mantras wäre ein Symbol für die Qualität von Liebe vielleicht ein Herz. Ein Symbol für Reichtum könnte eine Goldmünze sein.
Wichtig ist, dass du ein Symbol findest, das dir persönlich zusagt und das sich für dich richtig gut anfühlt.

Dein Symbol im Alltag

Wie dein magisches Mantra kannst du auch dieses Symbol durch weitere kreative Möglichkeiten in deinen Alltag einbauen.

- Male es auf und platziere das Bild gut sichtbar über deinem Schreibtisch.

- Kaufe dir einen Kettenanhänger mit dem Symbol und trage diesen täglich. Fasse den Anhänger öfter an und fühle das Symbol – sowohl mit deinen Händen als auch mit deinem Herzen, also was es innerlich mit dir macht.

- Bastele dir Sticker und klebe diese auf verschiedene Stellen in deiner Umgebung, auf die dein Blick täglich fällt: auf den Badezimmerspiegel, deinen Monitor im Büro, dein Armaturenbrett im Auto, neben die Tastatur deines Laptops.

Ein Symbol verstärkt deinen Fokus und beschleunigt deine Manifestation.

Ein Anker als Symbol

Meine Freundin hat als Symbol für sich den Anker entdeckt. Er gibt ihr ein Gefühl von Halt und Sicherheit. Täglich trägt sie eine Halskette mit einem silbernen Anker. Jeder ihrer Freunde weiß, dass das Symbol für sie der Anker ist, und so bekommt sie häufig Geschenke mit einem Anker darauf. Ich habe ihr schon mal ein Notizbuch geschenkt mit einem Anker auf dem Umschlag, und zu ihrem letzten Geburtstag bekam sie von einer anderen Freundin einen weißen Pullover im Marine-Look mit einem großen, blauen Anker darauf. Immer wenn ich irgendwo Anker sehe, muss ich an sie denken. Dieses Symbol ist ganz eindeutig mit ihrer Lebensaufgabe verknüpft.

Praxisanleitung

Die Minuten vor dem Einschlafen und nach dem Aufwachen sind besonders wertvoll. Wir befinden uns in dieser Zeit ganz nah an unserem Unbewussten, und dieses ist gleichzeitig das Tor zu unserer Seele.

Es ergibt also Sinn, ganz bewusst mit deinen Seelenwünschen aufzuwachen und mit ihnen schlafen zu gehen.

- Gönne dir dazu jeden Morgen und Abend wenigstens 10 Minuten für ein kleines Ritual.

- Vielleicht magst du dieses mit einer kleinen Körper-, Atem- oder Meditationsübung einleiten, um dich zu zentrieren.

- Dann stimmst du dich gedanklich und emotional auf deine Seelen- und Manifestationswünsche ein, indem du Affirmationen aussprichst, diese aufschreibst oder deine Ziele bildlich visualisierst. Nimm deine Gefühle und Empfindungen mit jedem Atemzug tief in deine Zellen auf.

- Schaffe einen körperlichen Anker in Form einer Geste, zum Beispiel: die Hand auf dein Herz legen. In dem Moment, da du richtig klar mit deinem ganzen Sein dein Ziel spürst und es vor deinem inneren Auge siehst, führst du die Geste aus. Spüre den Wunsch und gleichzeitig den Kontakt der Hand auf deinem Herzen.

So speicherst du ganz bewusst das Ziel und verknüpfst es mit einer körperlichen Bewegung, die du auch im Alltag ausführen kannst und durch die du immer nebenbei an dein Ziel erinnert wirst.

Nutze die »So tun als ob«-Technik

Wie schon beschrieben, handelst, denkst und fühlst du bei der »So tun als ob«-Technik bewusst so, als ob deine Wünsche und Vorstellungen bereits Realität wären. Die Devise heißt: »Fake it till you make it.«

- Du umgibst dich mit Menschen, die deiner Vision entsprechen.

- Du begibst dich jetzt schon an Orte, die der Vorstellung von deiner Zukunft entspringen.

- Du versetzt dich in die Perspektive deines zukünftigen Ichs und triffst Entscheidungen aus dieser Perspektive.

Das Prinzip dieser Technik ist ganz einfach: Je mehr du dich innerlich so fühlst, wie du es möchtest, und entsprechend handelst, desto mehr wirst du automatisch zu der Person, die du sein willst!

Kraftorte und Rituale

Persönliche Kraftorte sind auch eine gute Möglichkeit, dich mit dir zu verbinden und die Arbeit mit deinen Affirmationen und Visualisierungen zu verstärken.

Versetze dich in die spezielle Schwingung der Person, die du gern sein möchtest.

Ein Kraftort ist oft ein Plätzchen in der Natur und ein Ort, an dem du dich richtig wohl, geerdet und unterstützt fühlst:

- zum Beispiel eine Bank mit Blick auf den See,
- eine bestimmte Stelle im Wald oder Park,
- ein Baum, an den du dich setzen und dich anlehnen kannst.

Wo könnte dein persönlicher Kraftplatz sein?

Wenn du noch keine Idee hast, erkunde die Natur in deiner Nähe und finde ein solches Plätzchen für dich. Versprich dir liebevoll, ihn regelmäßig aufzusuchen, und mach ein persönliches Ritual zum Krafttanken aus diesem Besuch.
An deinem Kraftplatz kannst du meditieren, Tagebuch schreiben, mit deinem Mantra arbeiten und vieles mehr …
Vielleicht hast du ein Faible für Schamanismus? Dann rufe die Spirits von Erde, Luft, Wind und Feuer dazu, um dich zu unterstützen!
Sei gewiss, dass die positive Energie der Natur und Umgebung deine Manifestationsarbeit bestärkt und beschleunigt.

Praxisanleitung

Dieses Manifestationstool ist momentan mein Favorit, mit dem ich auch selbst täglich arbeite.

- Erstelle zunächst einen Text, der deine Wünsche und Visionen so zusammenfasst, als ob sie bereits in der Gegenwart Wirklichkeit wären. Notiere sowohl deine kurzfristigen Ziele für die nächste Zeit als auch die langfristigen. Halte diesen Text nicht zu lang, sondern bring die wesentlichen Aspekte einfach klar auf den Punkt.

Ein Beispiel: Jana möchte sich als Online-Unternehmerin selbstständig machen und andere Frauen dabei unterstützen, mit ihrer Lebensaufgabe eine erfolgreiche Selbstständigkeit aufzubauen. Täglich affirmiert sie: »Ich bin eine erfolgreiche Online-Unternehmerin. Ich unterstütze von ganzem Herzen Frauen dabei, ihre Lebensaufgabe zu erkennen und mit ihren individuellen Talenten ein eigenes Business zu kreieren. Durch meinen Weg bin ich dazu sehr gut qualifiziert. Täglich widme ich meinem Marketing zwei bis drei Stunden und vergrößere monatlich meine E-Mail-Liste um 400 Interessentinnen. Ich teile viel Wissen mit und ziehe dadurch magnetisch Kundinnen an. Wöchentlich gewinne ich zwei neue. Ich bin glücklich und erfolgreich mit meiner Berufung und helfe meinen Kundinnen, Gleiches zu erreichen.«

- Nimm deine Vision mit deinem Smartphone auf. Du kannst auch kleinere Audiodateien aufnehmen zu verschiedenen Aspekten deines Lebens wie Partnerschaft und Beziehung.

- Dann hörst du dir deine eigenen Audios jeden Tag an. Eine prima Gelegenheit bietet sich beim Autofahren, wobei du dein Handy natürlich ordnungsgemäß in einer Halterung fixieren solltest.
  Oder du nimmst dein Smartphone mit zum Sport und hörst dir dabei zur Motivation deine Audios mit Kopfhörer an.
  Nach dem Aufwachen oder vor dem Einschlafen ist eine weitere gute Gelegenheit, deine Vision anzuhören und zu verinnerlichen.

Du wirst sehen, wie zentrierend und motivierend diese Methode wirkt. Dadurch, dass deine eigene Stimme zu dir spricht, ist es so, als ob dein weiseres Selbst mit dir redet und dich daran erinnert, wo es hingehen soll in deinem Leben.

Das Gesetz der Anziehung in der LIEBE

Kommen wir zu den verschiedenen Lebensbereichen. Ein ganz besonderes Thema: Liebesbeziehungen! Denn hier unterscheiden sich oft Wunsch und Wirklichkeit.

Meiner Beobachtung nach funktioniert das Gesetz der Resonanz in Beziehungen nicht so einfach gemäß dem Motto: Stell dir vor, was du möchtest, affirmiere fleißig, und schon kommt der Traumpartner/die Traumfrau um die Ecke geschwebt, und ihr seid glücklich miteinander, bis dass der Tod euch scheidet …
Denn wenn es so einfach wäre, gäbe es weniger Probleme, Scheidungen und dergleichen in der Liebe. Erinnern wir uns:

Auf zwischenmenschlicher Ebene ziehen wir durch das Resonanzgesetz stets das an, was wir unbewusst ausstrahlen. Beziehungen sind stets ein Spiegel, durch den wir das lernen können, was gerade dran ist.

Frauen wünschen sich oft einen Mann, der sie großzügig auf Händen trägt, der stets für sie da ist, sie sieht, ihr alle Wünsche von den Augen abliest. Warum geraten sie dann aber oft an Männer, die sie nicht so wertschätzend und liebevoll behandeln?
Und umgekehrt verhält es sich natürlich genauso. Wer kennt nicht »den netten Kerl«, der irgendwie immer an die falschen Frauen zu geraten scheint?

Die Aufgabe liegt darin, sich selbst wertschätzend und liebevoll zu begegnen! Erst dann kann der Partner durch das Gesetz »Wie innen, so außen« dies spiegeln.

Um das Resonanzgesetz in Beziehungen erfolgreich anzuwenden, mach dir zunächst klar, welche Eigenschaften du unbedingt in deiner Liebesbeziehung erleben möchtest – und dann kultiviere sie selbst in dir!
Wenn du aufmerksam und wertschätzend behandelt werden möchtest, dann sei aufmerksam und wertschätzend dir selbst und anderen gegenüber.
Wenn du liebevolle Nähe erleben möchtest, kultiviere liebevolle Nähe zu dir selbst und anderen Menschen.

Praxisanleitung

- Nimm dir einen Zettel und einen Stift und schreibe alle Attribute auf, die du dir für deine zukünftige Beziehung wünschst: Wie soll dein Partner sein, welche Qualitäten soll er verkörpern? Vergiss nicht, darunterzuschreiben, dass er oder sie auch frei für eine neue Beziehung sein soll!

- Nimm dir dann ein paar Wochen oder auch Monate, um dich selbst intensiv mit diesen erwünschten Eigenschaften zu verbinden und diese in deinem Umgang mit dir selbst und anderen zu integrieren.

- Überlege, wo du Partner treffen könntest, die das verkörpern, was du dir wünschst. Als spirituell interessierter Mensch wünschst du dir vermutlich jemanden, der auch offen für diese Themen ist. Somit ist es naheliegend, dass du die Person in einem entsprechenden Umfeld triffst. Vielleicht in einem Meditationszentrum? Auf einem Wochenendseminar? In einer Coachingausbildung?

- Gehe raus, suche Kontakte und sei offen für Begegnungen!

- Achte auf dein Bauchgefühl und vielleicht ein Empfinden von erhöhter Energie, wenn du Menschen kennenlernst. Große gegenseitige Anziehung signalisiert stets, dass hier das Resonanzgesetz zwei Seelen zusammenführen möchte, die etwas miteinander erfahren und lernen dürfen!

Das Resonanzgesetz in langjährigen Beziehungen

Beziehung ist natürlich auch immer ein Entwicklungsprozess. Der Partner ist ein ständiger Spiegel und reflektiert uns unsere Stärken und Schwächen, unsere Gefühle und Bedürfnisse, unsere Potenziale und Sehnsüchte – im Guten wie im Negativen. Doch ist Beziehung viel mehr als das!

Eine Partnerschaft dient immer dem Ziel der Ganzwerdung und Heilung.

Dazu gehören natürlich nicht nur Zeiten von Friede-Freude-Eierkuchen, sondern auch Konflikte, an denen wir wachsen können, idealerweise gemeinsam.
Oft ruft der Partner genau die Gefühle in uns hervor, die wir in unserem Elternhaus empfunden haben. Kinder, die aus einem harmonischen Elternhaus kommen und ein positives Beziehungsvorbild ihrer Eltern erlebt haben, führen später meist selbst eine harmonische Beziehung.
Sicherheit, Bindung, füreinander da sein und einstehen, Gemeinsamkeit statt Einsamkeit – nicht jeder hat dies erlebt. Viele Eltern lassen sich scheiden, streiten oder führen keine gute und liebevolle Beziehung miteinander. Oder sie zeigen nach außen eine Fassade, die verbergen soll, was dahinter in Wahrheit los ist.

Die Qualität einer Beziehung hat sehr viel mit dem Grad an Bewusstheit zu tun, über den beide Partner verfügen.

Menschsein bedeutet alles andere als Perfektion, denn wir alle haben unsere Stärken und Schwächen. So bedeutet Beziehung auch Auseinandersetzung mit dem eigenen Schatten. Nicht selten werden in der Liebe alte Wunden getriggert, was persönliches Wachstum und Reifung ermöglicht.
Idealerweise befinden sich beide Partner auf einem Weg der Bewusstwerdung, was natürlich voraussetzt, dass beide bereit sind hinzuschauen. So kann eine langjährige Liebesbeziehung das Tor zu Heilung sein und Raum für Transformation und Wachstum bieten.
Geht nur einer der Partner diesen Weg, wird es oft schwierig. Wenn einer der beiden wächst und der andere verschlossen bleibt, stagniert die gemeinsame Entwicklung. Bleiben beide verschlossen, entsteht keine wirkliche Nähe und Erfüllung.
So gibt es Hunderte Möglichkeiten und Wege, wie sich eine Beziehung gestalten kann. Immer hat die Entwicklung auch mit bewussten Entscheidungen und persönlichem Commitment zu tun, also mit Verbindlichkeit und Engagement. Höchster Ausdruck von Commitment ist

»Glück ist Liebe, nichts anderes.
Wer lieben kann, ist glücklich.«

Hermann Hesse

die Ehe, das Bekenntnis, in guten wie in schlechten Zeiten zueinander zu stehen und den Weg gemeinsam zu gehen.

Das Resonanzgesetz unterstützt deine Absicht in Beziehungen

Ein Paar, das sich gemeinsam entschließt, etwas zu schaffen und zu bewältigen, vermag dies auch zu bewerkstelligen – ganz einfach durch Ausrichtung auf Liebe und gemeinsames Wachstum.
Nicht selten geraten Partner jedoch an einen Punkt, wo die Konflikte so groß werden, dass sie sich trennen möchten. Manchmal ist das auch das Beste.

Es geht immer um die Lektion, die verinnerlicht werden möchte.

Wird eine Beziehung beendet, weil ein großer Schmerzpunkt getroffen wurde, aber es besteht nach wie vor ein Gefühl von Anziehung und Resonanz, wurde die Lektion vielleicht noch nicht genügend verinnerlicht.
Nach einer Trennung wird dann oft ein anderer Partner mit einem ähnlichen Muster angezogen. Im Spiegel erblickt man stets die eigenen Lernaufgaben.

Die höhere Aufgabe einer Beziehung

Ein Paar, das schon lange miteinander gewachsen ist, entdeckt in einem weiteren Beziehungsstadium oft eine gemeinsame Aufgabe, die es zu erfüllen gilt. Manchmal ist das eine Familie und die Begleitung von Kindern beim Aufwachsen. Manchmal ist es die Gründung eines gemeinsamen Unternehmens mit einer bestimmten Aufgabe. Manchmal ist es eine seelische Mission, um auf eine ganz individuelle Art die Welt zu verbessern.

Krish und Amana

Das Therapeutenpaar Krishnananda und Amana Trobe begegnete sich in jungen Jahren im indischen Pune (Poona). Dort befindet sich eines der größten Meditationszentren der Welt, und zu ihrer Zeit strömten Menschen aus aller Herren Länder nach Indien mit dem Wunsch nach persönlichem Wachstum. Osho, der spirituelle Meister, der dieses Zentrum und diese Bewegung gegründet hatte, faszinierte und inspirierte damals Tausende.
Krish und Amana gründeten das Learning Love Institute. Ihre gemeinsame Mission als Paar besteht darin, Menschen zu zeigen, wie man liebt. In ihren Seminaren und Trainings, die sie auch weltweit geben, behandeln sie vor allem Beziehungsthemen. Zum Beispiel geht es um emotionale Wunden, die ganz automatisch in Beziehungen getriggert werden und geheilt werden möchten.
Denn eine Beziehung kann immer ein Tor zur Heilung und Transformation sein. Die tiefere Liebe kommt, wenn Altes geheilt ist.

Das Gesetz der Anziehung im Bereich GESUNDHEIT

Das Gesetz der Anziehung wirkt natürlich auch im Bereich der Gesundheit. Gesundheit als einen Zustand körperlichen und seelischen Wohlbefindens können wir anziehen und fördern, indem wir uns ganz bewusst darauf ausrichten und konzentrieren.

Allerdings reicht es im Krankheitsfall meines Erachtens nicht, sich nur positive Affirmationen aufzusagen und zu visualisieren, wie es wäre, wenn man gesund und glücklich ist. Jede Krankheit, jedes Symptom enthält auch eine tiefere Botschaft, die verstanden und integriert werden möchte.
Expertin auf diesem Gebiet war die große Lebenslehrerin und Autorin Louise Hay. Als junge Frau erkrankte sie an Unterleibskrebs und erkannte darin die somatische Folge ihrer Missbrauchserfahrungen in der Jugend. Daraufhin widmete sie sich intensiv ihrer emotionalen Heilung. Sie arbeitete mit Affirmationen, aber sie versuchte auch, ihre alten verdrängten Gefühle, die ihren Körper und ihre Seele belasteten, nun zuzulassen und auszudrücken.
Louise arbeitete ganz intensiv an ihrer eigenen Heilung und wurde dadurch ein ganz wunderbares Vorbild für andere Menschen. Sie schrieb mehrere Bücher, darunter den Weltbestseller »Gesundheit für Körper und Seele«. Louise war außerdem eine Expertin für die Symbolik von Symptomen und den Körperstellen, an denen diese auftreten.
Demnach steht zum Beispiel die rechte Körperseite für das aktive männliche Prinzip, für Vater-Themen und den Beruf; die linke Seite repräsentiert das weibliche Prinzip, Mutter-Themen und Gefühle. Die Schultern werden mit Verantwortung in Zusammenhang gebracht, der Rücken mit dem Gefühl von Halt und Belastung – um nur ein paar Beispiele zu nennen.
Genauso haben die Organe ihre Bedeutung und werden mit verschiedenen Emotionen in Verbindung gebracht. In der chinesischen Medizin beispielsweise stehen die Lunge für das Gefühl von Trauer, die Nieren für die Angst, die Leber für die Wut.
Auch bei uns sind solche psychosomatischen Zusammenhänge bekannt. So gibt es im Volksmund viele Formulierungen, die auf die Verbindung von Psyche und Körper hinweisen: Etwas ist uns auf den Magen geschlagen oder geht uns an die Nieren, uns ist eine Laus über die Leber gelaufen, oder wir haben eine Erfahrung noch nicht ganz verdaut …

Wie du im Falle von Krankheit das Resonanzgesetz nutzen kannst

Wenn du eine Krankheit hast oder an einem Symptom leidest, dann rate ich dir, dessen tiefere Bedeutung zu erforschen. Wehre dich nicht dagegen, sondern erkenne eine Botschaft deiner Seele darin. Wenn es dir gelingt, dein Problem als eine Möglichkeit zur Transformation und Heilung zu sehen, wirst du erkennen, dass

auch hier das Resonanzgesetz wirkt und nichts aus heiterem Himmel geschieht.
Auch Unfälle passieren nicht zufällig. Manchmal geraten wir in unserem Leben aus der Spur und folgen nicht mehr unserer Wahrheit. Dann passieren im Außen öfter Dinge, die uns auf unser inneres Ungleichgewicht aufmerksam machen und uns wieder in unsere optimale Spur bringen möchten. Weil dies wehtut, müssen wir innehalten und können uns uns selbst zuwenden.

Gerda

Sie arbeitete viel zu viel. In der Unternehmensberatung, für die sie tätig war, fühlte sie sich alles andere als glücklich. Sie überlegte, ihren Job zu wechseln, zögerte aber noch. Ihr Stresspensum wuchs täglich. Eines Tages wurde sie nach der Arbeit von einem Auto angefahren, als sie mit dem Fahrrad nach Hause fuhr, und sie brach sich den rechten Fuß.
Interessanterweise erkannte sie gleich die Symbolik dieses Unfalls: Die Füße stehen für das Vorankommen im Leben, und die rechte Seite deutet auf das männliche Prinzip, also unter anderem auf den Beruf hin. Wegen des Bruchs war die junge Frau nun für eine längere Zeit krankgeschrieben und bekam somit eine Ruhepause. Diese gab ihr nicht nur Gelegenheit, sich zu regenerieren, sondern auch die Möglichkeit, ihre nächsten beruflichen Schritte in aller Ruhe zu planen.

Heilungsübung
MIT DEM RESONANZGESETZ

Praxisanleitung

An welchen körperlichen oder seelischen Symptomen leidest du momentan? Welche Aspekte deiner Gesundheit möchtest du gern näher erforschen?

- Nimm dir zunächst Papier und einen Stift und male drei Spalten auf ein Blatt. Notiere in der ersten Spalte die Symptome, die du ergründen möchtest und an denen du jetzt oder in der Vergangenheit gelitten hast.

- Schreibe daneben in der zweiten Spalte auf, was dir symbolisch dazu einfällt (ziehe gegebenenfalls einen Ratgeber hinzu, siehe Seite 156) und was das Symptom in dir und deinem Leben bewirkt beziehungsweise was sich dadurch verändert.

- Notiere in der dritten Spalte, wo dich deine Krankheit hinbringen kann, was du durch das Symptom lernen kannst. Welche Qualitäten möchten in deinem Leben integriert werden?

Setze dich dann täglich mit den erwünschten Qualitäten auseinander! Konzentriere dich darauf im Sinne des Resonanzgesetzes und mach aktiv Schritte, um diese Qualitäten in dein Leben zu integrieren! Krankheit ist stets eine Möglichkeit, innerlich vollständiger zu werden als zuvor und persönlich zu wachsen.

hen. Agnes hat sich stets für ihre Familie aufgeopfert und selbst hintangestellt.

Mithilfe eines ganzheitlich arbeitenden Therapeuten stellte sich Agnes ihren alten Gefühlen von Schmerz und Wut, die von ihrer Kindheit herrührten. Sie erkannte, dass die Symptome sie herausforderten, sich selbst ernst zu nehmen, ihrer Wut Ausdruck zu verleihen und Selbstliebe und Selbstfürsorge zu lernen.

Agnes widmete sich mit Hingabe ihrem Heilungsprozess und arbeitete intensiv an ihren Themen und Gefühlen. Bewusst nutzte sie das Resonanzgesetz, um die Qualitäten in ihrem Leben zu manifestieren, die ihr zuvor gefehlt hatten. Sie spielte sich selbst täglich Affirmationen vor, zum Beispiel:

- Ich sorge gut für mich selbst.
- Ich nehme mich und meine Bedürfnisse wichtig.
- Ich bin es mir wert, meine Wahrheit zu äußern.

Sie begann, sich immer mehr im Neinsagen zu üben, und erlaubte sich schrittweise Wut – eine ganz neue Erfahrung. Außerdem gönnte sie sich öfter mal etwas Schönes. Langsam veränderte sich ihr Leben, und sie empfand mehr Selbstliebe. Durch ihre Symptome hatte sie gelernt, was sie in ihrem Leben vermisste. Es ging ihr langsam besser, und der Krebs wurde nach einiger Zeit geheilt. Sie hatte sich durch das Resonanzgesetz intensiv auf die Qualitäten konzentriert, die sie brauchte, um gesund zu werden.

Agnes

Agnes ist eine sehr herzliche und fürsorgliche Frau Mitte vierzig, Mutter von zwei Kindern und ein Familienmensch. Sie leidet an zwei Symptomen, die ihr das Leben schwer machen: Allergien und eine leichte Form von Brustkrebs. Auf der Suche nach der Symbolik dieser Krankheiten fand sie heraus, dass eine ganzheitliche Sichtweise Allergien als eine Art von Autoaggression betrachtet, die oft sehr friedliche Menschen heimsucht. Agnes war eine Frau, die sich selbst eher zurückgestellt hat und somit auch nicht gut ihre Wut ausdrücken, Grenzen setzen und für sich einstehen konnte. Zu ihrem selbstlosen Charakter passt auch die Diagnose Brustkrebs. Die Brust steht symbolisch für das Nähren der Kinder, ist vielleicht generell als Symbol für die weibliche nährende Kraft zu se-

Das Gesetz der Anziehung in BEZIEHUNGEN

Das Gesetz der Resonanz bringt uns im zwischenmenschlichen Bereich immer mit den Menschen zusammen, die gerade unserer Schwingung entsprechen. Jetzt könnte man sagen: Im Privaten kann man sich die Menschen ja aussuchen, aber im Beruf und in der eigenen Familie hat man keinen Einfluss drauf. Doch ist auch hier eine übergeordnete Weisheit am Werk. Vertraue also, denn nichts geschieht zufällig!

Auf seelischer Ebene haben wir uns – manchen spirituellen Traditionen zufolge – zum Beispiel unsere Familie ausgesucht, in die wir hineingeboren wurden. Unsere Seele hat sich bestimmte Lernaufgaben vorgenommen, die sie in diesem Leben verinnerlichen möchte, und dafür eine Familie gesucht, die passende Lektionen zu bieten hat.

Auch im Beruf geraten wir dank des Resonanzgesetzes genau an die Menschen, durch die wir lernen können. Oft kommen hier ähnliche Muster ins Spiel wie in der Ursprungsfamilie. So projizieren wir etwa Erfahrungen mit unseren Eltern und Geschwistern auf unsere Kollegen und suchen beim Chef nach Anerkennung, die wir als Kind früher beim Vater suchten.

Manche Menschen werden uns einfach als Stärkung geschickt, um uns zum Beispiel in Krisenzeiten wohltuend und liebevoll zu unterstützen. Andere werden uns als Herausforderung gesendet, an der wir wachsen und reifen können. Wieder andere sind einfach »Soulmates«, Seelengefährten mit einer ähnlichen Mission, denen wir uns freundschaftlich verbunden fühlen.

Die passenden Menschen anziehen

Natürlich kannst du das Resonanzgesetz ganz bewusst nutzen, um Menschen in dein Leben zu ziehen, nach denen du dich sehnst. Angenommen, du bist neu in einer Stadt, fühlst dich noch fremd und wünschst dir Kontakte. Dann kannst du durch bewusste Konzentration auf den Menschentyp, den du anziehen möchtest, und durch entsprechende Handlungen ganz sicher vermehrt solche Menschen treffen.

- **Affirmiere zum Beispiel:** »Ich lerne jetzt freundliche und tiefgründige Menschen kennen, mit denen ich gerne meine Freizeit verbringe. Wir teilen die gleichen Interessen.«

- **Komm ins Handeln:** Suche bewusst Orte auf, wo du diese Menschen treffen könntest, zum Beispiel Yogastudios, kreative Kurse, Sportveranstaltungen und dergleichen.

Gleiches gilt für die Suche nach einem Lehrer, Mentor, besten Freund … Schärfe deine Vorstellung, formuliere sie möglichst klar, und komm ins Handeln, um dieser Person zu begegnen. Lass in deinen Vorstellungen am besten stets ein bisschen Spielraum, denn das Universum schickt dir meist den passenden Menschen.

Das Gesetz der Anziehung im BERUFSLEBEN

Natürlich wirkt das Resonanzgesetz auch im Beruf. Jeder Job und jedes berufliche Umfeld ist eine Schule. Oft ist es so, dass wir aufgrund unserer persönlichen Prägung in unserem Erstberuf zunächst unbewusst eine Situation anziehen, die uns energetisch das bietet, was wir kennen, und gleichzeitig das, was es zu lernen gilt.

Philipp

Er wuchs in einem Elternhaus auf, in dem es sehr viel um Leistung ging. Er hatte von Kindesbeinen an das Gefühl, dass er umso mehr Liebe bekam, je mehr er sich anstrengte – beim Sport, in der Schule und im Studium.
Auch später als Erwachsener verausgabte er sich regelrecht in seinem Job, um so viel zu leisten wie nur eben möglich. Er lebte nahezu in seinem Büro.
Philipp wiederholte das Muster, das er kannte. Im Prinzip suchte der kleine Junge in ihm nach wie vor nach Liebe. Leider schlitterte er durch sein Leistungsstreben geradewegs in ein Burnout. Die totale Erschöpfung zwang ihn zu einer Auszeit und dazu, sich zu fragen, was in seinem Leben schieflief.
Ihm wurde klar, dass er eigentlich gar nicht seiner eigenen Wahrheit folgte, sondern unbewusst immer noch versuchte, die Erwartungen der anderen zu erfüllen, um ihre Anerkennung und Liebe zu bekommen.

So wie Philipp geht es vielen! Im Erstberuf setzen wir oft das fort, was wir kennen. Die Tatsache, dass so viele Menschen an Burn-out leiden, zeigt meines Erachtens das Dilemma, sich durch Leistung Liebe verdienen zu wollen! Erfahrungen mit Chefs und Kollegen spiegeln oft frühe Erfahrungen mit unseren Eltern wider, im Guten wie im Negativen.
Die Erfahrungen im Beruf müssen natürlich nicht so extrem sein. Idealerweise haben wir auch schon in unserem Erstberuf ein positives Umfeld, in dem wir unsere natürlichen Talente und Fähigkeiten einbringen können. Jedoch verspüren viele von uns eine Sehnsucht, dass es beruflich irgendwie noch mehr geben muss, dass ein Gefühl von Freude und Erfüllung möglich sein muss, statt nur aus Vernunftgründen einem Job nachzugehen.

Der Weg zur eigenen Berufung

Deine Berufung, deine Seelenaufgabe muss deinem Erstberuf auch gar nicht fremd sein. Oft aber gehen wir erst durch einige Erfahrungen, die uns persönlich wachsen lassen, bevor wir unsere wahre Berufung verwirklichen.
In meinem Erstberuf habe ich als Therapeutin im klinischen Bereich auch genau das angezogen, was ich schon früh kannte: für andere da zu sein! Irgendwann merkte ich aber, dass etwas in mir selbst zu kurz kam und ich besser auf mich achten musste. Was tat mir gut, was kostete mich Kraft?

Gleichzeitig spürte ich, dass mich etwas Neues rief. Meinen damaligen Job fand ich zwar ganz nett, doch hatte ich das Gefühl, dass eine neue Aufgabe auf mich wartete. Ich stellte innerlich immer wieder die Frage ans Universum: »Was ist meine Aufgabe? Worauf soll ich mich konzentrieren?«
Meine Intuition sagte mir: Schreibe! Das wollte ich eigentlich schon immer.
So schrieb ich über das, was mein Herz beschäftigte, über emotionale Heilung und Selbstliebe! Schritt für Schritt wandelte sich mein Leben, ich besuchte therapeutische Ausbildungen und bekam immer mehr neue Ideen für Bücher. Wenn ich das tat, was ich von innen heraus wollte, empfand ich stets Leichtigkeit – und auf einmal öffneten sich Türen!

Tu das, was sich gut anfühlt und was dir ein Gefühl von Leichtigkeit und Sinn schenkt, denn dies zeigt dir deine natürliche Lebensaufgabe.

Sei es dir wert, Zeiten für diese Tätigkeiten zu finden, auch wenn es zunächst vielleicht nur abends oder am Wochenende geht.
Versuche dann, nach Möglichkeiten Ausschau zu halten, wie du beruflich in dieser Richtung aktiv werden könntest, vielleicht zunächst nebenbei oder in einem Mini-Job oder Ehrenamt. Dann wird es dir vielleicht möglich, deine Stelle zu reduzieren und dir selbstständig ein zweites Standbein aufzubauen. Oder du beweist großen Mut und schaust, wo du ein Jobangebot in einem ganz neuen Bereich findest, der deinen natürlichen Talenten entspricht.

Der wichtigste Tipp, um mithilfe des Resonanzgesetzes deine Berufung zu finden: Folge der Freude!

Nutze das Resonanzgesetz, um deine Berufung zu leben!

Erforsche gründlich, was du dir genau wünschst (siehe ab Seite 82).
Formuliere dann eine Vision bezüglich deiner Berufung und lies diese täglich durch (siehe Seite 89). Vielleicht magst du sie auch, wie auf Seite 127 beschrieben, als Audio aufnehmen und täglich anhören.
Lausche deiner Intuition, höre auf das, was sie dir sagt, sei offen für Schritte, die du in deinem Leben tun kannst. Schritt für Schritt wirst du zu deiner Lebensaufgabe geführt, wenn du das möchtest. Das Resonanzgesetz unterstützt dich dabei!
Natürlich wird sich deine Aufgabe in dem Maße wandeln, in dem du dich wandelst. Meist gibt es aber ein »Berufungs-Oberthema«, zum Beispiel: Kreativität, Menschen helfen, andere inspirieren, sich für die Natur oder Ähnliches einsetzen.

Das Gesetz der Anziehung im MATERIELLEN

Viele Menschen wollen mithilfe des Resonanzgesetzes mehr Fülle in ihrem Leben manifestieren, und das ist wunderbar. Innere und äußere Fülle sind unser naturgegebenes Geburtsrecht.

Meiner Beobachtung nach gibt es zwei Extreme: spirituelle Menschen, die materiellen Dingen nicht viel Bedeutung geben, und auf der anderen Seite sehr materiell veranlagte Menschen, die dem Geistigen wenig Bedeutung zumessen.
Das Resonanzgesetz kann natürlich jeder anwenden, um mehr von dem zu manifestieren, was er sich wünscht – oft sind das mehr Geld und schöne materielle Dinge, ein chices Auto, ein tolles Haus.
Allerdings stellen sich diesbezüglich mehrere Fragen:

- Warum können manche Menschen materielle Dinge besser manifestieren und loslassen als andere?
- Warum scheint das Geld zu dem einen leichter zu kommen als zum anderen?
- Welche Blockaden hindern uns, genau das im Außen zu manifestieren, was wir uns im Herzen wünschen?

Erfolgreiche Manifestationsarbeit hat viel mit dem Bewusstsein des eigenen Wertes zu tun!

Unsere materielle Umgebung ist ein Spiegel unseres Bewusstseins

Unser derzeitiger Besitz verrät viel über unser Bewusstsein. Er ist ein Spiegel unserer Energie. Denn das Resonanzgesetz zieht genau die materiellen Dinge in unser Leben, die unserer Energie entsprechen.
Allerdings versuchen viele Menschen, durch äußere Dinge inneren Halt zu finden – was natürlich nur mäßig gut funktioniert. Wenn man schlecht loslassen kann, gilt es, innere Sicherheit aufzubauen.
Ich sehe es so, dass viele Dinge, mit denen unsere Schränke, unsere Keller und unsere Räume vollgestopft sind, innere Aspekte spiegeln – oftmals unbewusste, verdrängte Gefühle. Wenn die inneren Aspekte bewusst gemacht werden, können sie losgelassen werden.
Deswegen ist innere Arbeit und regelmäßiges Aufräumen und Ausmisten so wichtig. Es hilft uns einfach, uns von dem zu trennen, was wir nicht mehr brauchen. Wir fühlen uns gleichzeitig innerlich erleichtert.

Je mehr du dienst, desto mehr verdienst du

In den letzten Kapiteln ging es oft um das Thema Berufung und darum, wie wichtig es ist, die eigene Lebensaufgabe zu finden. Wenn wir diesem Weg folgen, kommen wir ins Dienen – wir tun dann das, weswegen wir hier auf der Erde sind!
Sobald wir unsere naturgegebenen Talente anwenden, um das in die Welt zu bringen, was wir als unsere Aufgabe empfinden, folgen wir einem natürlichen Fluss. Damit kommen meist auch unsere Finanzen in Fluss!
Es heißt, dass du, je mehr du dienst, auch umso mehr verdienst.

Seiner Lebensaufgabe zu folgen bedeutet gleichzeitig, sich seines eigenen Wertes bewusst zu sein und das zu tun, was man liebt.
Das Universum honoriert dies, indem es dafür sorgt, dass ein entsprechender finanzieller Rückfluss einsetzt. Vielleicht nicht von Anfang an, aber wenn du am Ball bleibst, irgendwann mit Sicherheit!

Folge der Freude!

Die weibliche und männliche Seite: YIN & YANG

Bereits an früherer Stelle habe ich über die Bedeutung der weiblichen und männlichen Seite im Prozess der Manifestation gesprochen. Ich möchte die Wichtigkeit von beidem hier noch mal betonen.

Jeder Mensch – egal welchen Geschlechts – verfügt über einen »inneren Mann« und eine »innere Frau«. Oft haben diese Ähnlichkeit mit den Eigenschaften der eigenen Eltern. Doch können sie sich natürlich auch entwickeln und transformieren.

Im Kern bedeutet das männliche Prinzip, in Aktion zu gehen, zu handeln und umzusetzen. Das weibliche Prinzip hingegen steht für passives Empfangen, Kreativität und Emotionen. Idealerweise befinden sich beide Qualitäten im Einklang und im Gleichgewicht. Dann können wir erfolgreich manifestieren.

Unsere innere Frau visualisiert, träumt und schafft den geistigen Boden; unser innerer Mann sorgt dafür, dass wir in die Umsetzung gehen und die Schritte tun, die wir brauchen, um erfolgreich das zu manifestieren, was uns bestimmt ist.

Ist unsere innere Frau allein – visualisiert, affirmiert und plant sie auch noch so fleißig –, wird unsere Manifestationsarbeit nicht so erfolgreich sein wie in der Zusammenarbeit mit unserem inneren Mann. Denn dieser setzt das um, was die Frau plant – und auf eine gewisse Weise beschützt er sie auch.

Ist unser innerer Mann allein – rackert, schuftet und handelt von früh bis spät –, werden die Ergebnisse auch nicht unseren Wünschen entsprechen, denn es fehlt die Planung, Kreativität und geistige Grundlage der Frau. Nur im inneren Team manifestieren wir erfolgreich.

Spürst du auf einer der beiden Seiten Schwächen? Oft ist eine der beiden Seiten stärker ausgeprägt – das ist relativ normal.

- Wenn du eine kreative Seele bist, dich jedoch schwer damit tust, in die Umsetzung zu gehen, rate ich dir, einen Aktionsplan zu erstellen. Schreibe deine Ziele und konkreten Schritte auf eine Liste.
  Definiere Teilziele und Handlungsschritte und dazu Termine, wann du sie konkret umsetzen willst beziehungsweise welche Resultate du wann erreicht haben möchtest.
  Belohne dich für jedes erreichte Ziel und spüre, wie gut es sich anfühlt, zu handeln und aktiv umzusetzen!

- Wenn du ein Macher-Typ bist, kann es dir helfen, dich von nun an auch in Passivität und süßem Nichtstun zu üben. Was empfindest du, wenn du mal aus dem ständigen Tun aussteigst?
  Menschen mit einem starken inneren Mann gibt es sowohl auf männlicher als auch auf weiblicher Seite häufig – sonst hätten wir nicht so viele Burn-out-Patienten. Dahinter

steckt meines Erachtens der große Wunsch, durch Leistung Liebe zu bekommen. Stoppt man das ständige Tun, kommt oft erst mal die Frage auf: »Wer bin ich denn ohne meine Leistung? Was bin ich dann wert? Kann ich mich auch so lieben?« Gerade dann ist es ganz wichtig, den anderen Pol zu stärken, den weiblichen, rezeptiv-empfangenden Teil deiner Persönlichkeit. Dieser spürt und fühlt, empfängt und nimmt an.

Der innere Mann und die innere Frau werden durch das Symbol von Yin und Yang versinnbildlicht, in dem sich eine weiße und eine schwarze Fläche in einem Kreis gegenüberstehen und dabei harmonisch ineinandergreifen. Das Symbol drückt aus, dass die entgegengesetzten Kräfte immer aufeinander bezogen sind und einander durchdringen. Gemeinsam ergibt sich dadurch ein harmonisches Muster!

- Yang-Analogien: aktiv, hell, hart, heiß, Sonne, Bewegung, männlich
- Yin-Analogien: passiv, dunkel, weich, kalt, Mond, Ruhe, weiblich.

Spielerisch IM ALLTAG *manifestieren*

Betrachte die Möglichkeit, etwas Gewünschtes zu manifestieren, wie ein freudiges Spiel. Je mehr Freude und Leichtigkeit du in dieses hineinfließen lässt, desto besser!

Wenn du morgens aufstehst, frage dich, was du heute Schönes manifestieren kannst. Vielleicht erst mal ein leckeres Frühstück mit Rührei und Toast? Oder einen gesunden Smoothie? Ein freudiges inneres Bild ist immer der Startschuss für ein positives Resultat!
Je klarer du weißt, was du willst, desto besser kannst du es in der Realität herbeizaubern – in diesem Fall selbst zubereiten oder in einem Café deiner Wahl bestellen.
Ein weiteres beliebtes Manifestationsresultat ist zum Beispiel auch der freie Parkplatz. Wenn du zur Arbeit fährst, dann visualisiere eine freie Parklücke oder nutze die Affirmation: »Ich finde jetzt einen optimal gelegenen freien Parkplatz!« Es ist verblüffend, wie gut dies meist klappt. Bekräftige frohen Mutes, dass du das, was du dir wünschst, im Sinne des großen Ganzen auf jeden Fall erhältst – sei es der freie Tisch im Restaurant, der Job, auf den du dich beworben hast, oder eine staufreie Autofahrt von der Arbeit nach Hause.
Gehe einfach davon aus, dass du das bekommst, was du haben willst!

Ein freundlicher Butler …

Ich glaube, dass das Universum uns dienen möchte und nur auf unsere Wünsche wartet, dass wir aber leider oft sehr unbewusst mit dieser Ressource umgehen und sie gar nicht nutzen. So als ob wir die ganze Zeit einen freundlichen bemühten Butler neben uns stehen hätten und ihn ignorierten, sodass der arme Mann gar nichts zu tun hat und sich langweilt!

Mach dir bewusst, was du heute erleben möchtest

Uns ist oft nicht bewusst, dass wir selbst die Segel setzen können für unsere Stimmung des Tages, die Qualität einer Begegnung oder das Erleben eines Urlaubs oder Wochenendes.
Ich kann dir nur empfehlen, dir folgende neue Angewohnheit zu eigen zu machen:

- Wenn du morgens aufstehst, schau, was du gerade fühlst, und nimm dich freundlich an damit. Setze dann bewusst eine Intention für diesen Tag: »Heute möchte ich … erleben, mich auf … konzentrieren, in meiner Beziehung … empfinden« – und so weiter.

Natürlich können wir nicht alles planen. Aber meines Erachtens gilt es, eine gesunde Balance zu finden zwischen dem, was gerade ist, und dem, worauf wir unseren Fokus richten.
Ich glaube, dass uns weder das eine noch das andere Extrem glücklich macht. Nur im Mo-

ment zu sein kann zu einer gewissen Planlosigkeit verführen. Nur die Zukunft zu planen und Neues manifestieren zu wollen kann dazu verleiten, das, was gerade da ist und gesehen werden möchte, nicht zu (be)achten. Finde deshalb eine gesunde Balance zwischen beidem!

Manifestieren für Fortgeschrittene

Wenn wir das Resonanzgesetz begreifen, unsere emotionalen Themen bearbeiten und uns an unsere höhere Weisheit anbinden, kommen wir in ein Fortgeschrittenenstadium, was das Manifestieren betrifft. Denn wir haben meist das Bedürfnis, durch unser Wachstum und Wirken das große Ganze zu bereichern, und können dadurch auf noch mehr Unterstützung »von oben« zählen.

Vielleicht hast du ein berufliches Projekt, womit du einen sinnvollen Beitrag zur Welt leisten willst, oder du möchtest eine finanzielle Freiheit und Fülle manifestieren, mit deren Hilfe du dir allen Luxus leisten kannst, den du dir wünschst. All das ist möglich!

Allerdings kommen oft gerade auf dem Weg in deine volle Größe alte Themen an die Oberfläche, die geheilt werden möchten. Wenn das Manifestieren für Fortgeschrittene also nicht wie am Schnürchen klappt, mach dir keine Sorgen! Schau dir an, was dir das Thema gerade sagen will.

Beim Thema »Manifestation deiner Wünsche« besteht nämlich auch die Gefahr, alles durch eine rosarote Brille sehen zu wollen. Doch es ist ganz wichtig, dass du stets ehrlich und mitfühlend mit dir selbst wahrnimmst, was gerade in dir los ist. Versuche nicht, dich krampfhaft im Positiv-Denken und Manifestieren zu üben, wenn du gerade ängstlich, traurig oder verletzt bist. Nimm dich selbst mitfühlend und liebevoll an in deiner Not. Konzentriere dich darauf, ganz freundlich zu dir zu sein und zu schauen, was dein Inneres dir gerade sagen will und was du jetzt brauchst.

Erst dann wirst du persönlich wachsen, und umso eher wirst du manifestieren können, was du dir wünschst.

»Die ursprüngliche WEISHEIT ist Intuition, während alles spätere WISSEN ANGELERNT ist.«

Ralph Waldo Emerson

Den großen PLAN *verstehen*

Wie anfangs erwähnt, glaube ich, dass es für unser Leben einen großen Plan gibt. Vielleicht ist es auch nicht so – es liegt mir fern, dich von meiner Meinung überzeugen zu wollen. Aber viele spirituelle Traditionen legen uns nahe, dass sich unsere Seele für dieses Leben etwas vorgenommen hat, das sie zum einen lernen und zum anderen auch selbst in die Welt bringen möchte. Beides geht übrigens Hand in Hand!

Kennst du es, wenn sich deine Seele »erinnert«? Du hast dann bei bestimmten Tätigkeiten, Menschen und Erfahrungen ein spontanes Hochgefühl. Du spürst, dass es sich bekannt anfühlt und positiv. Du fühlst dich dorthingezogen und möchtest genau dies tun oder mit diesen Menschen zusammen sein. Meines Erachtens ist es kein Zufall, dass wir gerade hier und jetzt inkarniert sind. Immer mehr Menschen machen sich auf den Weg, dem Ruf ihrer Seele zu folgen und ihre wahre Berufung zu finden. Da ist ein vages Erinnern an eine Aufgabe, die wir uns vorgenommen haben, an eine Mission, die wir haben, um unseren Beitrag zur Entwicklung auf der Erde zu leisten.

Der tiefste Schmerz führt zum größten Schatz

Durch unsere eigene Heilung tragen wir zur Heilung der Welt bei, was in unserer Zeit wirklich nötig ist. Frage dich, was du ganz persönlich erfahren und gelernt hast, um dies in die Welt bringen zu können.
Um den großen Plan des Lebens zu verstehen, ist es sehr hilfreich, Zeiten der Stille zu pflegen und in die Natur zu gehen, um dich in die universelle Verbundenheit einzuklinken. Wenn du dich selbst immer besser spürst und kennenlernst, wirst du immer vertrauter mit deinem persönlichen Schatten werden. Das ist wunderbar, denn dies ist ein Schritt zu deiner persönlichen und damit auch zur kollektiven Heilung. Frage dich, was die Botschaft deines Schmerzes ist, was du daraus lernen und wie du diese Erkenntnis an andere weitergeben kannst. Denn damit kannst du das große Ganze bereichern.

Martin

Er geriet in ein Burn-out. Als Selbstständiger arbeitete er so viel, dass er schließlich vor Erschöpfung nur noch von Bad zu Schreibtisch zu Küche ging. Er war völlig ausgebrannt, hatte keine Energie mehr, war krankgeschrieben. In dieser Zeit begann er, sich für einen ganzheitlichen Ansatz zu öffnen, um Körper und Seele wieder in Einklang zu bringen. Er las spirituelle Bücher, die ihm halfen, wieder einen Lichtstreifen am Horizont zu erkennen. Außerdem entdeckte er Meditation als Möglichkeit, zur Ruhe zu kommen und innerlich einen Ort zu finden, an dem er sich wieder gut fühlte, ruhig und klar. Weitere Schritte folgten, er entdeckte die Vielfalt spiritueller Möglichkeiten.
Nach einer Weile wuchs in ihm wieder der Wunsch zu arbeiten. Er machte sich als Burn-out-Coach selbstständig und war nun fähig, Menschen auf eine ganz andere Art zu helfen als jemand, der dies nur theoretisch gelernt hatte. Er bereicherte das große Ganze wunderbar durch seine persönlichen Erfahrungen.

STOLPERSTEINE auf dem Weg der Anziehung

Nicht immer klappt es so gut, das zu manifestieren, was wir uns vorstellen. Auch in der bewussten Arbeit mit dem Resonanzgesetz gibt es den einen oder anderen Stolperstein, der verhindert, dass wir bekommen, was wir uns wünschen. Allerdings gibt es keine Zufälle: Wenn wir verstehen, was uns der Stolperstein sagen möchte, haben wir die Gelegenheit, bald wieder in Fluss zu kommen.

Der größte Stolperstein auf dem Weg der Manifestationsarbeit ist meines Erachtens die mangelnde Fähigkeit, das Gute auch wirklich anzunehmen. Wie schon früher erwähnt, hat dies eng mit dem Selbstwertgefühl zu tun.

Lerne zu empfangen

Es ist ganz wichtig, dass du einen offenen Blick dafür entwickelst, was das Universum dir schickt, und dass du bereit bist, es von ganzem Herzen anzunehmen.
Hast du Schwierigkeiten damit, beschäftige dich noch mal mit dem Thema emotionale Heilung. Du hast das Beste verdient! Alte Glaubenssätze wie »Ich bin es nicht wert« und damit zusammenhängende Gefühle wollen angesehen werden und sich wandeln. Im Folgenden habe ich all das zusammengefasst, was dir helfen kann, freudig zu empfangen.
Übe dich im Empfangen in verschiedenen Bereichen deines Lebens:

- Lerne, dich zu entspannen und zur Ruhe zu kommen.
- Lass dir eine Massage geben.
- Meditiere und lege dabei deine nach oben geöffneten Hände auf deine Oberschenkel (dies ist eine wunderbare meditative Empfangshaltung).
- Höre anderen Menschen aufmerksam zu.
- Lass dich umarmen.
- Spüre die Sonne auf deiner Haut.
- Nimm Komplimente, Einladungen und Geschenke freudig an, ohne dich gleich revanchieren zu wollen.
- Kenne deinen Wert! Vertraue dir und deinen Talenten und ehre dich selbst.
- Diene und stifte Wert für andere – schenke das, was du selbst empfangen möchtest.

Resonanz in Krisenzeiten

Man könnte den Eindruck haben, im Zusammenhang mit dem Resonanzgesetz ginge es in erster Linie darum, Positives zu manifestieren, und vielleicht weniger darum, mit dem zu sein, was gerade ist. Doch beides ist wichtig!

Ich nenne dies die Falle des positiven Denkens: Die übermäßige Konzentration auf das Angestrebte verleitet dazu, die momentane Situation, die vielleicht ganz anders aussieht und Beachtung bräuchte, zu vernachlässigen.

Früher habe ich selbst mal den Fehler gemacht, mir jeden Tag positive Affirmationen aufzuschreiben, die zum Teil gar nicht meinem wahren Empfinden entsprachen. Mich hat das damals erst einmal unheimlich positiv motiviert. Doch merkte ich nach einiger Zeit, dass da andere Emotionen in mir waren, die wahrgenommen werden wollten, die ich aber bislang nicht fühlen und deshalb instinktiv positiv überschreiben wollte.

Was wir jedoch nicht fühlen wollen und auf Dauer unterdrücken, kann zu Krisen führen. Diese Zeiten zwingen uns, innezuhalten und genau hinzuschauen, was zu dieser Krise geführt hat und welche Bedürfnisse vielleicht zu kurz gekommen sind.

Da das Resonanzgesetz ähnliche Schwingungen zusammenführt, begegnen wir in Krisenzeiten anderen Menschen, denen es möglicherweise auch gerade nicht gut geht. Vielleicht ist dann geteiltes Leid halbes Leid?

Wichtig ist, dass du in einer Krise nicht versuchst, dein Empfinden wegzudrücken. Behalte das bei, was dich stärkt, und verliere auch deine Ziele nicht aus den Augen – nur stehen sie eben gerade nicht an erster Stelle. Vorrang hat jetzt, dich selbst zu sehen und deine Bedürfnisse in dieser schwierigen Zeit.

Deine Ziele sind wie ein Licht am Horizont, das weiterhin leuchtet.

Achtsamkeit hilft

Ich glaube, eine gesunde Balance zwischen beidem ist wichtig: zwischen dem, was gerade ist, und dem, was wir uns wünschen.

»Wem der Himmel
eine große Aufgabe zugedacht hat,
dessen Herz zermürbt er erst
durch Leid.«

Mengzi

Die Lehre der Achtsamkeit zeigt uns, wie wir liebevoll und ohne zu werten beobachten, welche Emotionen gerade in uns aufkeimen.

Ein Tipp der Achtsamkeit besagt beispielsweise: Erkenne das Gefühl und sage: »Da ist Traurigkeit« (anstatt: Ich bin traurig).

Dadurch wird es möglich, die Identifikation mit oder den Kampf gegen bestimmte Zustände zu durchbrechen.
Liebevolle, mitfühlende Selbstannahme ist stets sinnvoll. Schau, was dir alles guttut, und sorge dafür, dir selbst reichlich von diesen Qualitäten zu gönnen. Das erleichtert es dir, Schwieriges in dir anzunehmen und vielleicht sogar mit einem freundlichen Blick darauf zu schauen.

Das hab ich nicht bestellt – was nun?

Manchmal geschehen Ereignisse oder wir empfangen etwas vom Leben, das wir gar nicht bewusst bestellt haben. Bedenken wir, dass das Universum einen großen Plan hat und nichts dem Zufall überlässt, so verfolgt es sicher eine Absicht mit dem, was es uns liefert.
Nehmen wir als Beispiel eine Krankheit. Niemand bestellt sich in der Regel freiwillig eine Krankheit, oder? Doch enthält auch jede Krankheit und Krise eine Botschaft, die es zu erkennen und integrieren gilt. Gelingt dies, können wir innerlich vollständiger und bewusster auf unserem Lebensweg voranschreiten.

Die Dinge, die wir in unserem Leben bekommen, obwohl wir sie nicht bewusst bestellt haben, können wir meist nicht so einfach wie ein falsch geliefertes Paket zurückschicken. Es gilt zu hinterfragen, was uns diese Lieferung des Universums sagen möchte. Das bezieht sich auf Ereignisse, Menschen in unserem Leben und besonders auch auf schwierige Momente. All dies enthält nämlich wertvolle Hinweise, die uns zum Wachsen anregen!

Korrigiere deine Bestellung

Manchmal erhalten wir auch Manifestationsergebnisse, die nicht genau unseren Vorstellungen entsprechen, die sich aber korrigieren lassen.

Anna

Ich erinnere mich gut an Anna, die einen Partner in ihr Leben ziehen wollte und präzise alle erwünschten Eigenschaften des Mannes aufgeschrieben hatte. Sie zog durch das Resonanzgesetz auch entsprechende Männer an – allerdings waren diese immer vergeben.
Sie hatte einen ganz wesentlichen Punkt auf ihrer Liste vergessen: Der Mann ihrer Träume sollte frei sein für eine neue Beziehung!
Nachdem sie diesen wichtigen Punkt auf ihrer Liste ergänzt hatte, trat ein Mann in ihr Leben, der sowohl ihren Vorstellungen entsprach als auch frei für eine neue Beziehung war. Ihre »korrigierte Bestellung beim Universum« hatte funktioniert!

Was tun bei einer »ungewünschten Lieferung«?
KLEINE CHECKLISTE

Praxisanleitung

- Nimm sie erst einmal an und unter die Lupe. Sie kommt nicht ohne Grund. Wenn du sie direkt wieder loswerden möchtest, wird sie wahrscheinlich noch so lange bei dir bleiben, bis du ihr Aufmerksamkeit schenkst.

- Frage dich, was die Botschaft dieser Lieferung ist. Was soll der Mensch dir sagen, mit dem du es hier zu tun hast? Worauf deutet das Symptom oder die Krankheit hin, die bei dir diagnostiziert wurden? Welcher Hinweis steckt in dem unvorhergesehenen Ereignis, das gerade passiert ist? Was kannst du dadurch lernen?

- Frage dich auch, warum du erst mal eine Abneigung gegen diese Lieferung des Universums hast. Warum gefällt sie dir nicht, warum willst du sie nicht annehmen? Manchmal liegt gerade in dem, was wir ablehnen, ein großer Segen!

- Falls die Lieferung schon dem ähnelt, was du manifestieren wolltest, aber eben nicht zu 100 Prozent, schau, ob du dich nicht vielleicht auch mit diesem Ergebnis anfreunden kannst.
  Oder präzisiere deine Bestellung wie im Beispiel von Anna, die ihren Traumpartner manifestierte, der frei für eine neue Beziehung war. Sie hatte ihrer Bestellung beim Universum nur dieses letzte, aber wesentliche Attribut hinzufügen müssen.

Die Selbstoptimierungsfalle

Ein weiterer Stolperstein auf dem Weg der Anziehung ist die Selbstoptimierungsfalle. Wir leben in einer Zeit, in der Ideale eine große Rolle spielen: Schönheitsideale, Erfolgsideale, bestimmte Images, wie man idealerweise auszusehen und zu sein hätte. Das schlanke und strahlende Laufstegmodel, der erfolgreiche Unternehmer, die patente Mutter und Familienmanagerin … All das wird online und offline propagiert, und die Werbung erinnert uns an jeder Ecke an diese Scheinrealitäten. Allerdings sieht die Wirklichkeit doch oft ein wenig anders aus.
Models berichten über enormen Druck, der zu Essstörungen und Magerwahn führt, Unternehmer leiden unter Burn-out, und Mütter sind oft einfach überfordert mit allen an sie gestellten Aufgaben, was durchaus verständlich ist.
Die Selbstoptimierungsfalle verleitet dazu, sich in Richtung eines Optimums entwickeln zu wollen, weil man irgendwie den Eindruck hat, nicht okay zu sein, so, wie man gerade ist, und weil man sich so nicht selbst annehmen kann. Es wird halt viel zu selten propagiert, dass wir traurig, übergewichtig, einsam oder ausgebrannt sein dürfen und dabei völlig liebenswert sind. Dabei wäre das doch mal ein wirklich guter Werbespot!
Es ist sehr leicht, in die Falle der Selbstoptimierung zu tappen, und gerade wenn es einem nicht so gut geht, verleitet die Idee vom Gesetz der Anziehung dazu, das weniger Gute ins Positive transformieren zu wollen. Und schwups, schon ist alles gut, weil du es dir eben schön denkst …

So einfach ist es aber nicht! Je mehr wir bestimmte Realitäten leugnen – seien es ungeliebte Gefühle, Übergewicht, persönliche Frustration –, desto mehr werden diese an uns kleben. Ich möchte dir deshalb unbedingt erst mal die Selbstannahme ans Herz legen.

Du bist – so, wie du gerade in diesem Moment bist – wunderbar in Ordnung!

Egal ob du rund bist oder schlank, arbeitslos oder beruflich erfolgreich, dich in einer Krise oder auf einer Erfolgswelle befindest: Du bist ein einzigartiger und sehr wertvoller Mensch. Du musst dich nicht optimieren, um in Ordnung zu sein, und du musst nicht etwas manifestieren, um etwas anderes wegzumachen – das funktioniert ohnehin nicht.

Mein Rat: Nutze das Gesetz der Anziehung, um Verständnis für dich selbst zu manifestieren! Erschaffe so etwas wie deinen inneren besten Freund, eine Qualität, die dich jederzeit mit dir verbindet.

Wenn du zum Beispiel niemanden hattest, der dir bislang dieses Verständnis entgegengebracht hat, dann ist es an der Zeit, dir dies selbst zu schenken. Schau dafür immer, was du brauchst, und suche Menschen, die dir guttun und die dich stärken. Gehe Tätigkeiten nach, die deinen Selbstwert stärken, und fühle dich frei, dich von dem zu lösen, was dich herunterzieht oder kleinmacht.

Annehmen, was ist

Wenn es dir gelingt, dich anzunehmen mit dem, was ist, wird es dir leichter fallen, das zu manifestieren, was sich dein Herz wünscht.

- Nimm die Angst an, dann kann sie sich in Vertrauen wandeln.
- Nimm den Schmerz an, dann kann er sich zu Liebe transformieren.
- Nimm die Kilos an und schau, was du brauchst ...

Geschehenlassen statt Aktionismus

Die nächste Stolperfalle auf dem Weg bewusster Manifestation hat mit einem Ungleichgewicht zwischen der weiblichen und männlichen Energie in uns zu tun. Bei allen fleißigen Schritten des Brainstormens, Visualisierens, Affirmierens und Handelns kommt nämlich oft eine ganz wesentliche Qualität zu kurz – die des Geschehenlassens!

Wir brauchen eine große und gesunde Portion Vertrauen ins Universum, dass dies schon seinen Beitrag leistet und hinter den Kulissen für uns aktiv wird. Das tut es nämlich ganz sicher!

Dieser Optimismus ist nicht für jeden selbstverständlich, und das kann ich gut verstehen. Viele von uns kennen das Muster, selbst alles machen und schaffen zu müssen, und tun sich nicht leicht damit, einfach mal loszulassen und zu empfangen. Wir wachsen oft so auf, dass wir erst etwas leisten müssen, um etwas Positives zu bekommen. Kinder strengen sich in der Schule an, um durch gute Noten die Liebe der Eltern zu gewinnen.

Wir denken, wir müssen uns Resultate verdienen!

Das Muster kann sich auch auf dem Weg des Bewusstwerdens und Manifestierens fortsetzen. Das bedeutet: Du kennst dieses Muster, bist dir dessen durchaus bewusst – aber es hat dich immer noch im Griff! Du hast es nur auf eine andere Ebene mitgenommen. Doch wenn du dich zu sehr anstrengst, bist du gar nicht im Empfangsmodus für die ganzen Geschenke des Universums!

Der Clou ist: Wir müssen uns gar nichts verdienen!

Der Switch vom Machen zum Sein ist der einfachste Weg zur Hingabe.

Es ist sogar möglich, dass jemand, der kaum etwas leistet, aber unheimlich gut im dankbaren Manifestieren und Empfangen ist, damit sehr erfolgreich wird! Wesentlich erfolgreicher vielleicht als jemand, der richtig rackert, aber schlecht empfangen kann.

Praxisanleitung

Der Schlüssel zum erfolgreichen Wünschen ist das weibliche Prinzip:

- Egal ob du ein Mann oder eine Frau bist: Wie gut lebst du die Qualität der Hingabe in deinem Leben? Kannst du gut und entspannt auf einer Massagebank liegen und eine Massage empfangen, ohne dabei an tausend Dinge zu denken, die du noch erledigen musst?
- Kannst du dich in der Liebe richtig hingeben?
- Kannst du ganz entspannt einer geführten Meditation lauschen oder in die Stille gehen?

Falls dir das schwerfällt, probiere Folgendes:

- Schau, was du fühlst, wenn du zur Ruhe kommst. Stell dich deinen Gefühlen von Traurigkeit, die möglicherweise aufkommen, wenn du entdeckst, dass du dich zu sehr angestrengt hast … Fühle einfach und lass all das da sein, was sich zeigt. Das ist schon alles. Du wirst entdecken, dass durch das Zulassen deiner Gefühle eine Ruhe und Entspannung in dir entsteht. Und dies ist wiederum die Voraussetzung für Hingabe!

- Lerne, dich zu beobachten, anstatt dich zu sehr mit einem Gedanken oder Gefühl zu identifizieren. Das entspannt! Wenn es dir gelingt, einen freundlichen inneren Beobachter in dir zu schulen, bist du auf dem richtigen Weg.

- Fühle, was gerade da ist – im Alltag, in Ruhe –, und heiße es mit deinem Atem und deinem Körper willkommen. Das ist schon alles.

Gib dich dem Universum hin, dessen Kind du bist.

Vertraue: Wie liebevolle Eltern dafür sorgen, dass es ihrem Kind gut geht, kümmert sich auch das Universum darum, dass es dir gut geht und du versorgt wirst.
Außerdem: Genau wie freundliche Eltern sich darum kümmern, dass ihre Kinder zum Geburtstag das geschenkt bekommen, was sie sich von Herzen wünschen, kümmert sich auch das Universum darum, dass du das bekommst, was sich deine Seele ersehnt. Sofern es zum Wohle aller ist!

Vertraue!

Viel Erfolg!

Ich hoffe, dass dich dieses Buch inspiriert und an die Wünsche deiner Seele erinnert. Der einfache Hinweis »Höre auf dein Herz« erinnert dich an sie! Folge dieser inneren Stimme, denn sie möchte dich jederzeit lenken, auch wenn du mal vom Weg abgekommen bist oder diesen erst neu suchen musst. Sieh den Aspekt der Manifestation als ein freudiges Spiel, bei dem du Spaß haben und wie ein Kind auch mal Fehler machen darfst. Das ist so menschlich!
Wenn du mehr und mehr der Stimme deiner Seele folgst, wirst du aber vermutlich immer häufiger ein Gefühl von *Alignment* empfinden, einer stimmigen inneren Ausrichtung. Erinnerst du dich an die Eisberg-Metapher für die Seele? Im Zustand von *Alignment* bist du als Mensch (die Spitze des Eisbergs) gut mit deiner Seele (sieben Achtel des Eisbergs) verbunden, fühlst dich stark, innerlich verbunden und geführt. Dadurch bereicherst du das große Ganze und wirst automatisch den Wunsch verspüren, etwas zur Verbesserung der Welt beizutragen, deinen dir bestimmten Platz im Spiel des Lebens einzunehmen. Du wirst Chancen erkennen, und günstige »Zufälle« werden dir helfen. Vertraue und genieße das Spiel des Lebens!
Ich wünsche dir von Herzen viel Freude und Erfolg auf deinem Weg!

Deine Stefanie Carla Schäfer

Literaturverweise und Inspirationen

Bays, Brandon: *The Journey. Der Highway zur Seele*; Ullstein Verlag, Berlin 2012

Bernstein, Gabrielle: *Das Universum steht hinter dir. Wie wir Angst in Vertrauen verwandeln*; L.E.O. Verlag, München 2017

Fox, Sabrina: *Die Sehnsucht unserer Seele*; Goldmann Verlag, München 2016

Gawain, Shakti: *Stell dir vor. Kreativ visualisieren*; Rowohlt Taschenbuch, Reinbek 2004

Hay, Louise: *Heile deinen Körper*; Lüchow Verlag, Bielefeld 2017

Hay, Louise: *Gesundheit für Körper und Seele*; Allegria Taschenbuch, Berlin 2013

Hicks, Esther und Jerry: *The Law of Attraction. Das kosmische Gesetz hinter »The Secret«*; Ullstein Verlag, Berlin 2008

Hicks, Esther und Jerry: *The Law of Attraction. Das Gesetz der Anziehung. Geld*; Allegria Verlag, Berlin 2009

Kübler-Ross, Elisabeth: *Warum wir hier sind*; Silberschnur Verlag, Güllesheim 1999

Lowen, Alexander: *Bioenergetik. Therapie der Seele durch Arbeit mit dem Körper*; Rowohlt Verlag, Reinbek 2008

Mohr, Bärbel: *Bestellungen beim Universum. Ein Handbuch zur Wunscherfüllung*; Omega Verlag, Güllesheim 2004

Murphy, Joseph: *Die Macht Ihres Unterbewusstseins*; Ariston Verlag, München 2005 (Erstveröffentlichung 1962)

Schache, Rüdiger: *Herzverstand. Mit den 4 Schlüsselfragen zu unserem größten Potential*; Arkana Verlag, München 2015

Schäfer, Stefanie Carla: *Now! Lebe wild, frei und wunderbar*; Scorpio Verlag, München 2017

Tepperwein, Kurt: *Die geistigen Gesetze*; Goldmann Verlag, München 2002

Walsch, Neale Donald: *Gespräche mit Gott. Band 1*; Arkana Verlag, München 2006

Empfohlene Meditationen von Osho

(siehe Seite 50)

Dynamische Meditation
Eine Sonnenaufgangsmeditation: Kurz nach dem Aufwachen sind wir noch eng mit unserem Unterbewusstsein verbunden und somit recht nah an unseren Gefühlen. Die dynamische Meditation ist eine sehr aktive Körpermeditation zum Gefühlsausdruck und zur Zentrierung. Sie unterteilt sich in fünf Phasen: Chaotisches Atmen, Katharsis, Springen, Stille und Tanzen. Danach fühlt man sich wie frisch gewaschen und ist fit für den neuen Tag.

Kundalini-Meditation
Eine Sonnenuntergangsmeditation: Die Kundalini-Meditation ist eine sanftere Körpermeditation in vier Phasen: Schütteln, Tanzen, stilles Sitzen und Liegen. Sie hilft nach einem langen Tag, Verspannungen abzuschütteln und auf angenehme Weise in sich selbst anzukommen.

Es gibt noch weitere körperorientierte Meditationen. Ich empfehle dir, dich zu informieren, denn es lohnt sich!
Gerade wenn du viel im Kopf bist und mit dem Denken identifiziert – wie die meisten von uns im Westen –, kommst du durch diese Meditationsformen gut im Körper an. Das war einer der Grundgedanken, als Osho diese Techniken konzipierte.

Über die Autorin

STEFANIE CARLA SCHÄFER ist Sportwissenschaftlerin, Somatic-Experiencing Practicioner und lebt in Haan. Nachdem sie im Bereich von Prävention und Rehabilitation oft beobachtet hat, wie positiv Sport und Bewegung das äußere und innere Befinden beeinflussen, spielen in ihrer Arbeit das körperliche und emotionale Wohlbefinden genauso eine Rolle wie die seelische Suche nach Wahrheit und Erfüllung.
Es ist ihr Herzensanliegen, Menschen auf dem Weg zu ihrer Lebendigkeit, inneren Kraft und Verbundenheit zu unterstützen. Ihre beiden Bücher »Selbstliebe macht stark« und »NOW! Mit Freude den eigenen Weg gehen« erschienen im Scorpio Verlag und fanden zahlreiche begeisterte Leserinnen und Leser.

Workshops, Blog und mehr unter www.cardea-training.de.

Dank

Mein besonderer Dank gilt dem Scorpio Verlag und allen Menschen, die an der Entstehung dieses Buches mitgewirkt haben. Außerdem danke ich herzlich allen meinen Lieben, meinem Freund Aarjan und letztlich dem Universum für seine beständige Unterstützung!

Quellenhinweis

Die Zitate haben wir im Internet gefunden, und es ist uns leider nicht gelungen, die ursprünglichen Quellen ausfindig zu machen bzw. zu verifizieren. Der Verlag bittet gegebenenfalls um eine Nachricht, damit bei einer Nachauflage eine korrekte Quellenangabe erfolgen kann.

Bildnachweis

S. 2: Andriy Blokhin/Shutterstock.com; S. 3: altanaka/photocase.de; S. 4: oatawa/Shutterstock.com; S. 5: arthurbraunstein/photocase.de; S. 8/9: Andriy Blokhin/Shutterstock.com; S. 17: like.eis.in.the.sunshine/photocase.de; S. 19: Miss X/photocase.de; S. 23: querlink/photocase.de; S. 28: metamorworks/Shutterstock.com; S. 30: Cozine/Shutterstock.com; S. 34/35: NachoGarín/photocase.de; S. 37: emanoo/photocase.de; S. 45: Mrsnikon/photocase.de; S. 46: GaudiLab/Shutterstock.com; S. 51: TRUELIGHT-NOW/photocase.de; S. 54: hello_beautiful/photocase.de; S. 57: oatawa/Shutterstock.com; S. 59: complize/photocase.de; S. 60/61: altanaka/photocase.de; S. 65: misterQM/photocase.de; S. 66: Femme-Curieuse/photocase.de; S. 71: fresh./photocase.de; S. 74/75: Fotoline/photocase.de; S. 81: misterQM/photocase.de; S. 84: Theeraphong/Shutterstock.com; S. 88: Unschuldslamm/photocase.de; S. 92: Ja'Crispy/Shutterstock.com; S. 94: Chinnapong/Shutterstock.com; S. 97: jokebird/photocase.de; S. 102: suze/photocase.de; S. 106/107: oatawa/Shutterstock.com; S. 108: xenia_gromak/photocase.de; S. 113: Antonio Guillem/Shutterstock.com; S. 118: inewsfoto/Shutterstock.com; S. 121: FTiare/Shutterstock.com; S. 125: pixelliebe/photocase.de; S. 129: Judywie/photocase.de; S. 134: Paul Cotney/Shutterstock.com; S. 138: imtmphoto/Shutterstock.com; S. 141: Serhiy Smirnov/Shutterstock.com; S. 141: David Dieschburg/photocase.de; S. 143: Violess/photocase.de; S. 144/145: altanaka/photocase.de; S. 147: Blackwhitepailyn/Shutterstock.com; S. 155: SkyImages/Shutterstock.com; S. 157: privat

MIX
Papier aus verantwortungsvollen Quellen
FSC® C084279
FSC www.fsc.org

Umschlaggestaltung: Favoritbuero, München
Umschlagmotiv: RelaxFoto.de/GettyImages (Foto), ViSnezh/Shutterstock.com (Ornament)
Fotos im Innenteil: siehe Bildnachweis oben
Ornamente: Fotolia und Freepiks
Gestalterisches Konzept: Friederike Niemeyer, Hamburg
Satz und Layoutumsetzung: Felicitas Holdau, Gräfelfing
Projektleitung: Ilona Daiker, Angela Hermann-Heene
Lektorat und Bildredaktion: Felicitas Holdau
Druck und Bindung: Print Consult GmbH, München
ISBN 978-3-95803-167-8

Wann, wenn nicht jetzt!?

NOW! Das sind die Inspirationsbücher mit der
Extraportion Energie und Lebensfreude.
Gewinne Selbstvertrauen, Zuversicht und gelassene Stärke.

Du kannst jetzt anfangen. *Now!*

ISBN 978-3-95803-068-8

ISBN 978-3-95803-092-3

ISBN 978-3-95803-115-9

ISBN 978-3-95803-143-2

je 160 Seiten
Flexobroschur, vierfarbig
17,99 € (D)/18,50 (A)

SCORPIO

Edition Now! – die neue Reihe

ISBN 978-3-95803-181-4

ISBN 978-3-95803-149-4

ISBN 978-3-95803-151-7

ISBN 978-3-95803-179-1

ISBN 978-3-95803-180-7

Bewusste Lebensführung auf den Punkt gebracht, hochwertig gestaltet

je ca. 120 Seiten
Gebunden mit Schutzumschlag
12,- € (D)/12,40 (A)